böhlau Wien

Susanne Pauser · Wolfgang Ritschl
Harald Havas · Nicole Kolisch

NEON, PACMAN UND DIE YUPPIES

Ein Bilderbuch der achtziger Jahre

böhlau   Wien Köln Weimar

Die Deutsche Bibliothek – CIP-Einheitsaufnahme

ISBN 3-205-99250-4

Ein Titeldatensatz für diese Publikation ist bei Der Deutschen Bibliothek erhältlich

Gestaltung, Layout: Maria Anna Friedl
Umschlaggestaltung: Andreas Burghardt

Das Werk ist urheberrechtlich geschützt. Die dadurch begründeten Rechte, insbesondere die der Übersetzung, des Nachdruckes, der Entnahme von Abbildungen, der Funksendung, der Wiedergabe auf photomechanischem oder ähnlichem Wege und der Speicherung in Datenverarbeitungsanlagen, bleiben, auch bei nur auszugsweiser Verwertung, vorbehalten.

© 2001 by Böhlau Verlag Ges.m.b.H. und Co. KG, Wien · Köln · Weimar

Gedruckt auf umweltfreundlichem, chlor- und säurefreiem Papier

Druck: Imprint, Ljubljana

VORWORT

Herbst 2000 – ich blättere in Wochenendbeilagen, und irgendwie kommen mir die angepriesenen Trends der gerade stattfindenden Modesaison ein bißchen bekannt vor. Okay, ich habe das lautbunte Seventies-Revival mit den Glockenhosen, Plateauschuhen und Polyestershirts auch schon gründlich satt, und nichts in der Welt brächte mich dazu, noch einmal in meinem Leben einen gehäkelten Fransen-Poncho über den Kopf zu ziehen, was ich als Achtjährige schon gehaßt habe – aber mußte es unbedingt ein 80er-Retro-Trend sein, der dem Hippie-Style den Garaus macht?? Schwarzer Kajal, Doppelgürtel mit Nieten, blitzblaue und pinkfarbene Nylonstrumpfhosen, Burberry-Karo und Westernboots? Was kommt als nächstes auf uns zu – etwa Schulterpolster und fingerlose Spitzenhandschuhe?

Ich nehme es zur Kenntnis: die Achtziger kommen zurück. Zumindest modetechnisch. Soll sein. Vielleicht kommt gerade deswegen unser neuer Bildband „Neon, Pacman und die Yuppies", mit dem wir die nachträgliche Illustration von „Wickie, Slime und Paiper" abschließen wollen, zur rechten Zeit. Nach dem Bilderbuch der siebziger Jahre, unserem Band „Faserschmeichler, Fönfrisuren und die Ölkrise", wird das Ambiente nun weniger orange und mehr schwarz. Die Achtziger waren nicht grell, sondern cool. Flippig. Poppig.

Aerobic und Bodybuilding waren ein Thema, Vanilletee und Hartplastik-Strohhalme mit Knoten aus der „Paper Box", Gesangseinlagen aus „Müllers Büro" und der Strip zu „You Can Leave Your Hat On" aus dem Film „9 $^1/_2$ Wochen". Der Einfluß aus der Punkszene ermutigte den Normalverbraucher zu Stehfrisuren mit „extra strong wet gel" und nächtlichen Graffiti-Sprayaktionen. Fred Sinowatz erkannte, daß „alles sehr kompliziert" und „die Politik keine Salami" sei.

Der Supergau von Tschernobyl lehrte uns das Fürchten und implementierte Vokabel wie „Geigerzähler" und „Kontaminierung" im Wortschatz der Österreicher. Trotz starker kapitalistischer Prägung und Idolisierung der angeblich börsegeilen „Young Urban Professionals", sprich Yuppies, herrschte eine ernst-kritische Miene in unseren jugendlichen Gesichtern vor. Alle Schulhefte waren plötzlich natürlich aus grauem Recyclingpapier. PVC war plötzlich natürlich grundsätzlich verrottbar (man mußte nur zwanzig Jahre Geduld haben ...). Putzmittel wurden plötzlich ebenso „Bio" wie Bauernhöfe, und ich lache heute noch über den Begriff „Vollkornjoghurt". Cola und Aufstriche wurden ganz „light" – wahrscheinlich deshalb, damit wir beim fetten Tiramisu, das über Nacht das Kultdessert Nr. 1 wurde, ohne Reue zuschlagen durften.

Designernamen und Markenlabels traten in den Achtzigern einen unglaublichen Siegeszug an. Bei uns Sechzehnjährigen waren Lacoste-Leiberln, Swatch-Uhren, Burberry-Schals und dunkelblaue bzw. bordeauxrote Benetton-Pullis sowie grüne Benetton-Seesäcke angesagt. Die Jugendszene teilte sich in – mehr modisch als ideologisch geprägte – Subkulturen. Grufties und Punks hoben sich mit ihren fetzigen Outfits optisch extrem von den braven Poppers ab, die sich in ihren Collegeschuhen, rautenförmig karierten Burlington-Socken und Bundfaltenjeans schon für „total ausgeflippt" hielten, wenn sie nur ein pinkfarbenes Teil zu ihrem Jeansmini kombinierten oder den V-Ausschnitt am Rücken trugen. Weil Individualisierung groß geschrieben wurde in den Achtzigern, war es auch überhaupt kein Problem, das Image alle paar Monate zu wechseln und zu einer anderen Gruppe zu „konvertieren". Die religiös betriebene Mülltrennung und die Sehnsucht nach einer Vespa vereinte uns sowieso wieder alle zu einer großen Familie.

Viel ist von den Achtzigern nicht geblieben. Was wirklich cool ist, haben uns ja die Neunziger gelehrt. Glasnost und Perestrojka sind Geschichte, Michael Jackson ist weiß geworden, und das Waldsterben hat nicht stattgefunden. Manchmal treffen wir noch im Supermarkt ein Paar Beine, die in neonfarbenen Glanzleggins stecken, Pacman und Space Invaders kann man jetzt am Palm Pilot spielen, und die Jungs und Mädels im Reality-TV-Container singen ein Protestlied gegen das Atomkraftwerk Temelin.

Nun schreiben wir die „Nuller", und die Eighties sind auch schon wieder zwanzig Jahre her. Daher meine Aufforderung an die heutige Jugend, frei nach dem Satiriker Max Goldt: Merkt euch nicht nur die Markennamen eurer gesteinsbrockenartigen Turnschuhe, sondern auch eure Nicknames in der SMS-Chatline, druckt euch das eine oder andere Digifoto, das euch mit megageilem Nabelpiercing zeigt, aus oder macht wenigstens einen Screenshot von eurem Lara-Croft-Highscore. Vergeßt nicht die 151 Pokémons und lernt gründlich die Digitationen von Patamon in sein Ultralevel. Hebt euch doch bitte auch den einen oder anderen CD-Player am Dachboden auf, damit ihr uns später, wenn ihr ein Retrobuch über das Millennium schreibt, nochmal eure alten Technoscheiben, DJ Ötzi oder Zlatko vorspielen könnt.

Wir werden uns mit „Hey, hey Wickie" rächen ;-)

Susanne Pauser

ALLTAG

Bravo-Star Alben zum Selber-Falten, meistens viel zu schief zugeschnitten …
;-)

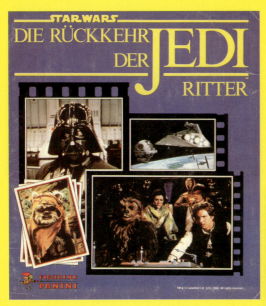

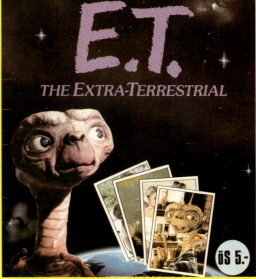

Mein E.T.-Sammelalbum von Panini hatte ich komplett. Bei „Krieg der Sterne" gab es erstmals ausgestanzte Raumschiffe als Pickerln. Die haben NIE auf den dafür vorgesehenen Platz gepaßt. Irgendein Eckerl war immer zuviel oder zuwenig … *grrrr* Der Millennium-Falke war aber trotzdem ein Hit!

Später gab es dann ausgestanzte Pickerln auf durchsichtiger (wow!) Folie. Da ging das Plazieren mit einem Mal viel leichter.

I ♥ Urlaub

Erwin Moser-Bücher habe ich verschlungen! „Der Mond hinter den Scheunen" oder „Ein Käfer wie ich" … immer mit diesen süßen Maus-Zeichnungen.

Das Uralt-Kinder-Magazin „Wunderwelt" erlebte in den 80er Jahren auch sein letztes Revival. Aber immerhin voll im grünen Trend: Die Umweltspürnasen!

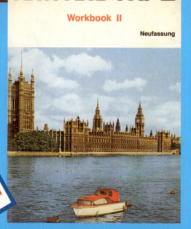

I ♥ daheim

In der Schule gab es „Ann and Pat" in Neuauflage – und erstmals zwecks Aufklärung den „Sex-Koffer". Heiß umfehdet, wild umstritten … Unsere Bio-Lehrerin war viel zu konservativ dafür!

Auch darin enthalten (als Video): „Was heißt hier Liebe". Da hat ein Mädchen ein Zwiegespräch mit ihrem Po. Hat mich schwer beeindruckt!

Mit Snoopy und Garfield brach die erste echte Vermarktungswelle von Comicfiguren über uns herein. Im Alltags- und Kitschbereich – und auch für Erwachsene!

Pickiger Lippgloss mit Kirschgeschmack, Schulsachen im Südsee-Romantik-Look – und diese grau-rosa Pseudo-Designer-Pastell-Taschen. Heute unerträglicher Kitsch – aber damals hätte ich alle meine Jausenbrote dafür hergegeben!

Die Apfeleishälften habe ich im Garten auf den echten Apfelbaum gehängt – und niemandem ist der Unterschied aufgefallen! :o)

Plattfuß … Langfinger … was haben die sich damals bloß bei diesen Namen gedacht!

Und bei Quaxi fällt mir immer die Mini-ZIB ein. Da hat es einen Wettbewerb zwecks Benennung des Wetterfrosches gegeben. Ich habe „Belcredi" vorgeschlagen, aber die öden ORF-Granden haben sich dann doch für Quaxi entschieden. *schmoll*

Twix hieß damals noch Raider („Aus Raider wird jetzt Twix, sonst ändert sich nix"), Ritter Sport-Schokolade kam erstmals nach Österreich, und Cherry Coke konnte man überhaupt nur in der Werbung bewundern …

Und die österreichische Antwort auf Ritter Sport: Monte! „Ja, die Monte, die schmeckt gut. Du kommst zurück auf noch ein Stück".

Oder „Keli zisch-frisch zischt frisch!"
:-)

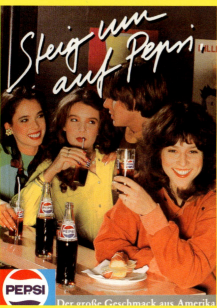

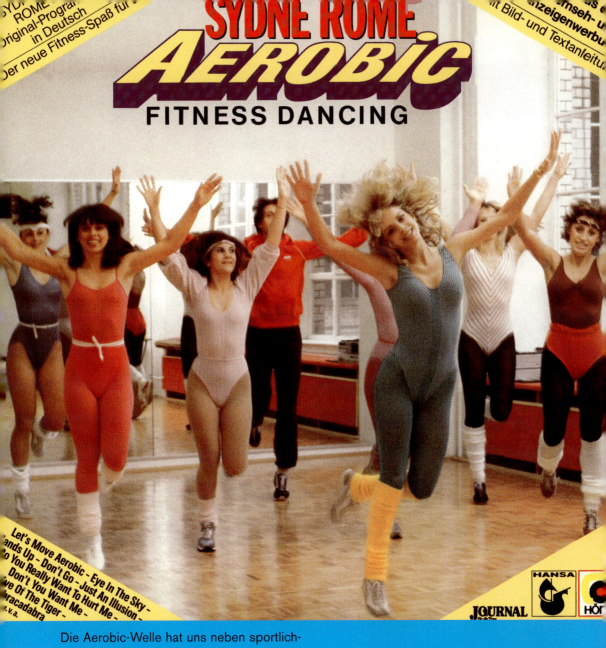

Die Aerobic-Welle hat uns neben sportlich-musikalischen Impulsen ja leider auch fürchterliche Modetrends beschert. Die Legwarmers waren zum Glück ja eine vergängliche Sache, aber die pinkfarbenen Hochglanz-Leggins lassen sich viele Frauen leider bis heute nicht ausreden!

Und über Nacht waren alle Nahrungsmittel plötzlich „bio" oder „light", selbst das pickigste Zuckerwasser.

Ach ja … Solariumbronzen kannte man vor den 80ern auch noch nicht!

Laufen ist ja noch immer en vogue.
In den 80ern hieß es noch „Jogging".
Und die Trainingsanzüge bekamen eine reißverschlußlose Fasson und wurden „Jogginganzug" getauft.

Rote und blaue Satinglanz-Boxershorts und Bodies (seinerzeit noch „bodystocking" genannt) machten ebenfalls den Fitness-Boom modisch schmackhaft.
Fitness-Center sprießen seither allerorts ungebremst aus dem Boden – ein Trend, der überlebt hat!

Heavyhands – saumäßig ungesund, aber voll im Trend! :o))

„Modesportarten" tauchen erstmals auf: Windsurfen, Frisbee (sogar als Mannschaftssport), Drachenfliegen, Paragleiten, Discorollern.

Als Cocktails noch cool waren. Vor allem in kalten Neon-Tönen (bevorzugt getrunken unter aufwendig gestalteten Neonsignets), mit massenhaft Schirmchen und Glitzerzeugs garniert. Nicht zu vergessen: Strohhalme mit Flitter und gordischem Knoten darin. :o)

Und im „Cocktail"-Film (übrigens erbärmlich schlecht!) machte Tom Cruise allen vor, wie es geht: Malibu Orange, Blue Curaçao mit Ananassaft, Batida de Coco mit Milch … *schmatz*

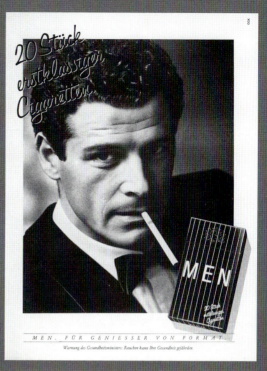

Die Tabakregie, wie wir damals noch sagten, hängte sich an den Zeitgeist an und brachte mit MEN eine Falco-kompatible Zigarette heraus, Belvedere für die Schnösel und Casablanca für die lustigen DÖF-Fans.

Die Punkszene war in London ein Thema der 70er, bei uns trauten sich die Jungs und Mädels erst in den 80ern mit gefärbtem Schopf auf die Straße. Bunte Haare, rasierte Köpfe, Nadeln im Gesicht – regt heute auch keinen mehr auf! Ich fand ja die Ratten, die manche Punks in der Lederjacke verstauten, immer much more shocking als die schrillen Outfits …

Didi Hallervorden sang dazu: „Punker Maria … (…) Ich hab meine Nadel verloren …" ;o)

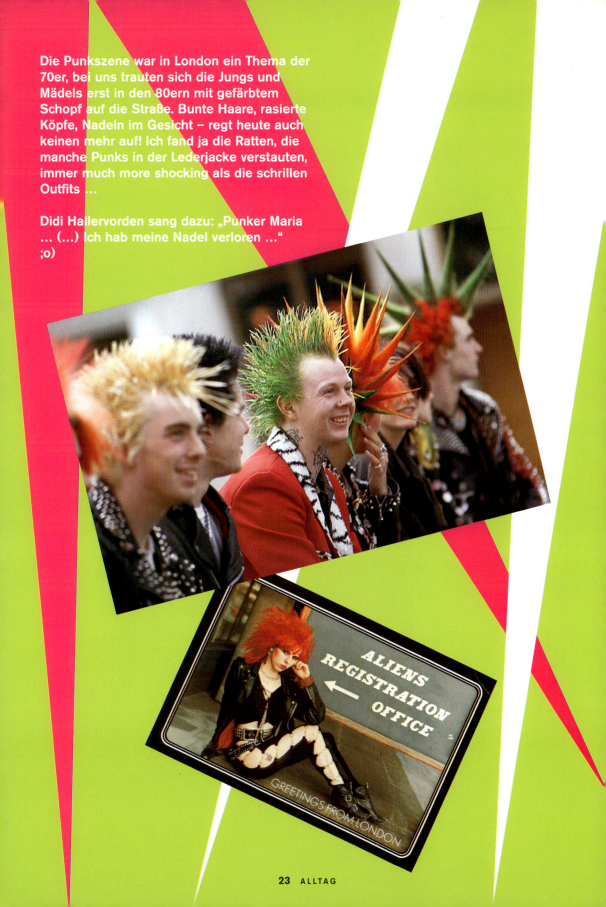

DER GESTRESSTE AUFSTEIGER

	OUT	IN
BERUF	Manager	Tycoon
AKTENKOFFER	Metallkoffer	Lederschulranzen
SCHREIBTISCH	Glasplatte auf Metallschragen	Knoll, Modell R. Schultz, nußfarben
SCHREIBGERÄT	Lamy; Filzschreiber	Brevillier-Urban; Druckbleistift
TELEFON	Piepserl; Autotelefon	Pocket-Telex
ZAHLUNGSMITTEL	Credit-Card	Tauschgeschäfte
SEKRETÄRIN	weiblich	männlich
BUSINESS-SPRACHE	Mundart	Computersprache „Logo"
BUSINESS-REISEN	Jet-setten	Bus-shuttlen
ZEITUNGEN	Kurier, Profil, Playboy	Presse, Omni, High Society
UHR	Quarz- und Mondphasenuhren; Cartier	Automaticuhren; Omega
KLEIDUNG	Armani	Adlmüller
SCHUHE	Sneakers	handgenähte Mokassins
PARTY-TALK	Feminismus	Fetischismus
DRINK	Bloody Mary	Buerlecithin
AUSGLEICHSSPORT	Aerobic; Bodybuilding	Steppen; Liegestütz
AUTO	japanische Turbos (schwarzer Datsun Cherry)	englische Langhuber (roter Aston Martin)
STÄDTE	Dallas	Denver
IDOL	Siegfried Ludwig (ÖVP)	Lucio Gelli (Geheimloge P2)
KRANKHEITEN	Depression; Migräne	Kopfweh

IN und OUT-Listen machten uns endlich das Leben leicht. Wiener (besser noch: The Face) lesen, einkaufen gehen, das war's. Bloß gut, daß wir nie autoritätsfixiert waren. ;-)

POPPER
Erkennungszeichen: Seitenscheitel,
„Popperwelle", College-Schuhe, Polohemd,
Vespa.

MODS
Erkennungszeichen: militärgrüner Parka,
Union Jack am Rücken, Spiegel an der
Vespa, Quadrophenia im Kassettenrekorder.

PUNKS
Erkennungszeichen: Löcher in Hosen und
Strümpfen, Nietengürtel, Irokesenschnitt.

GRUFTIES
Erkennungszeichen: schwarze Klamotten,
totenbleiches Make-Up, viele Halsketten mit
großen Kreuzen, dunkle Augenringe.
Trotzdem alle ganz lieb und
schwiegermutter-tauglich. ;o)

Young Urban Professionals – die **„YUPpies"** wurden uns Jugendlichen der 80er als Ideal verkauft. Die echten Burberry-Schals aus Kaschmir waren wohl das meistgestohlene Stück in Disco-Garderoben …

Wir hatten mit Erwerbstätigkeit, Unternehmertum und Börsenkursen allerdings nichts am Hut und nahmen gleich – mit Daddies Geld – die Abkürzung zu Tennisstunden, Lacoste-Shirts und Cocktailbar.

Also ich finde, hierzulande gab es überhaupt keine Yuppies. Nur Menschen, auf die man herabsah, weil sie (etwas mehr) Geld hatten.

Man brauchte nur irgendein Stück als Yuppie-Musik zu bezeichnen, um sich davon distanzieren zu können und vor allem, um sich als besseren Menschen darstellen zu können.

Na he! Die „Pet Shop Boys" waren Yuppie-Musik. Über die lasse ich nichts kommen. Und Burlington-Socken fand ich irgendwie niedlich … *duck*

Neben den Yuppies erfanden die Marketing-Fuzzies gleich noch einen ganzen Schwung anderer abgekürzter Zielgruppen: DINKS (Double Income No Kids), LIMES (Low Income More Excitement), etc.

Traurige Chronik: Langsam, aber sicher verschwanden in den 80ern sämtliche Frauen von den österreichischen Geldscheinen.
Adieu Bertha von Suttner!

Außerdem verschwanden damals langsam die Groschen: Erst die 1er-Münzen, dann die 2er, 5er …

Die Angelika Kaufmann war für mich damals die Dame mit der schönsten Frisur überhaupt! So hätte ich auch gerne ausgesehen.

Und das Haus auf der Rückseite vom Hunderter habe ich immer für Roseggers Waldheimat gehalten …

Der erste Bankomat – welch segensreiche Erfindung, die uns über die rigiden Banköffnungszeiten triumphieren läßt. Die ersten (mit Sichtschlitz) waren überhaupt die besten, weil am schnellsten. Wer braucht schon Höflichkeitsfloskeln und die Option, die Karte mit Geld aufzuladen?

Mit einer Kreditkarte konnte man sich (insgeheim) schon ein bißchen als Yuppie fühlen – und vor seinen Freunden über Geschäfte schimpfen, die Plastikgeld – wie hinterwäldlerisch – nicht akzeptierten.

Rubik's Cube blieb von all seinen Nachfolgemodellen (Tonne, Oktoeder etc.) unerreicht. Bei uns kursierten kopierte Zettel mit der Auflösung – ohne die hätte ich es wohl nie geschafft. Meine Hände können das heute noch, wie ferngesteuert.

Den Würfel habe ich nie zusammengebracht. Die Schlange hingegen war babyleicht.

Holzflöhe auf jeder Jeansjacke, Schultasche und Co. Das modische Nonplusultra!

My Little Pony fand ich immer obszön häßlich – damals kannte ich ja Pokémon noch nicht …

Poppels waren eher kurz modern: Stoffviecher zum Umstülpen. Der blaue wurde eine Art Ananas. *grins*

Spieleabende kamen in allen Altersgruppen in Mode …

Ökopoly! Das Kultspiel vom „Umweltguru" Frederic Fester!

Trivial Pursuit: eine kanadische Erfindung des Jahres 1982

Auf das „Schwarze Auge" waren wir süchtig. Stunden-, tage-, wochenlang haben wir, am Wohnzimmerboden sitzend, Abenteuer bestanden. Ich war Halbelfe und Magierin. Und Sprüche wie „Salander Mutander – Sei ein Anderer" kann ich heute noch auswendig! :o)

Atari 2600, G 7000 von Philips, Saba, Intellivision … die erste große Zeit der Video-Spiele!

Wir haben uns immer mit Freunden zu Videospielabenden, was heißt!, wahren Videospielschlachten getroffen: „Decathlon" von Activision, bis der Joystick geglüht hat …

Und in den Spielhallen ersetzten immer mehr die Videospiele die alten Flipper: Pac-Man, Pitfall, Space Invaders, Galaga, Joust, Moon Patrol, Tetris … adieu, Taschengeld!

Und ich muß natürlich auf einer Erwähnung von „Dragon's Lair" bestehen. Spielen konnte ich es nicht. Aber dafür stundenlang fasziniert zuschauen …

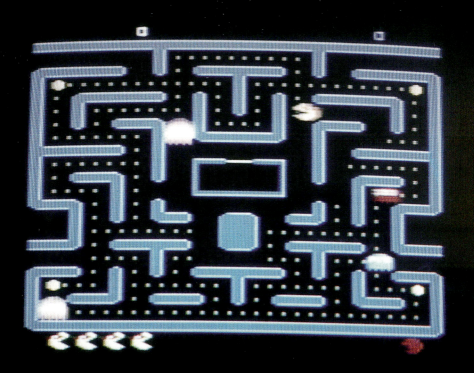

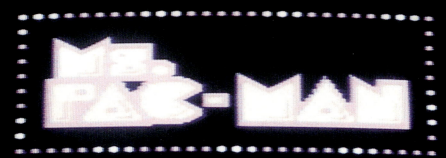

LEVEL:

PLAYERS: 2

© ATARI 1983

hüpft – Mädchen – hüpft
da schwankt kein Gleichlauf mehr
TRUDELSICHER

High-Tech für jedermann kam groß in Mode: Videorecorder (Video 2000! Beta! Das war noch etwas!), Videokamera und 1983 der CD-Player ... jeder mußte alles haben. Und heute weint so mancher seinen damals verschenkten LPs nach :-)

Akio Murita erfand für Sony den Walkman, um die Langeweile auf Langstreckenflügen zu bekämpfen. Die wohl bahnbrechendste Errungenschaft des Jahrzehnts!

Auch neu: dreidimensionale Fotografien – vulgo Hologramme. Kam aber nie über Gimmick-Status hinaus :-)

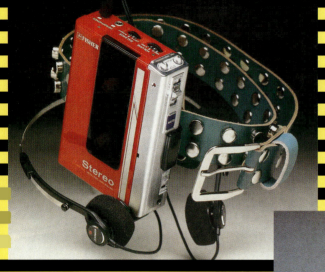

Super waren auch die Glaubenskriege (inkl. Promi-Hörtests), ob denn nun eine CD oder eine LP besser klingt. Wenn ich mich recht erinnere, lieferten die Dire Straits mit „Brothers in Arms" das erste digitale Klangerlebnis.

RADIO CD

Radio CD und ein paar Sender in Italien durchbrachen erstmals das ORF-Sendemonopol.

Die wirklich große Medienfreiheit brach aber erst mit Fernsehen aus dem Kabel und via Satellitenschüssel an …

Hihi, da fällt mir natürlich sofort „Tutti-Frutti" ein – die volle Skandalsendung!

Und MTV ging erstmals auf Sendung …

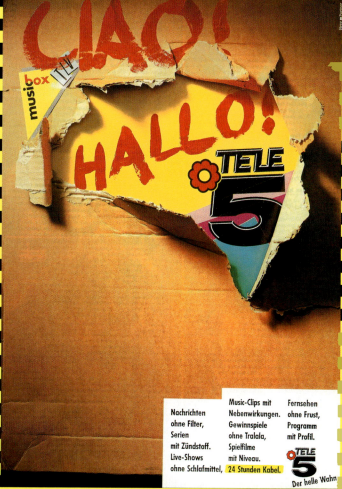

Nachrichten ohne Filter, Serien mit Zündstoff. Live-Shows ohne Schlafmittel. Music-Clips mit Nebenwirkungen. Gewinnspiele ohne Tralala. Spielfilme mit Niveau. 24 Stunden Kabel. Fernsehen ohne Frust, Programm mit Profil. TELE 5 Der helle Wahn

Commodore 64 … was soll man dazu noch sagen?!? Der Kult-Computer einer Generation mit 10.000 wild kopierten und getauschten Spielen!
Hat überhaupt jemals jemand mit dem Ding *gearbeitet*? ;-)

Und: Kann sich noch jemand an den verliebten Computer Edgar aus „Electric Dreams" erinnern? :o)

Liebend gerne hätte ich mir einen Apple zugelegt, doch 80.000.– waren für einen armen Studenten nicht wirklich drin. Es wurde dann ein Atari um 30.000.– (ohne Festplatte). In der Nacht Texte auszudrucken war auch nicht drin, weil der Nadeldrucker sich wie ein Sägewerk anhörte, und ein solches wollten meine Nachbarn partout nicht in ihrer Nähe dulden.

Der erste Macintosh kam im nicht gerade gut beleumundeten Jahr 1984 auf den Markt!

Apple war immer die Snob-Variante unter den Computern. Aber Grafiker schwören seit jeher auf Apple, was auch schnell im Layout der 80er-Zeitschriften seinen Niederschlag fand.

COMMODORE 64: DER MIKRO MIT UNBEGRENZTEN MÖGLICHKEITEN

DIE MÖGLICHKEITEN DER PERIPHERIE

PHILIPS

Für einen Kreis braucht's heute mehrere Schritte.

Dieser hat's auf eins, zwei.

CIRC ... und fertig ist der Kreis.

Programmieren wird einfacher.

Denn der Kreis ist nur einer von 150 einprogrammierten Befehlen. Dadurch kann man sich beim MSX auf das Wesentliche konzentrieren, und hat mehr Spielraum für seine Kreativität.

Der Philips MSX® Microcomputer kennt den Kreis.

Obwohl Computer damals noch sehr wenig konnten und die Schrift grün ins Auge stach, begannen sie, sich in Büros und privaten Haushalten unwiderruflich einzunisten.

Fast genauso revolutionär, aber viel archaischer: die Low-Budget-Variante der Datenverwaltung, die gelben Post-it Notes.

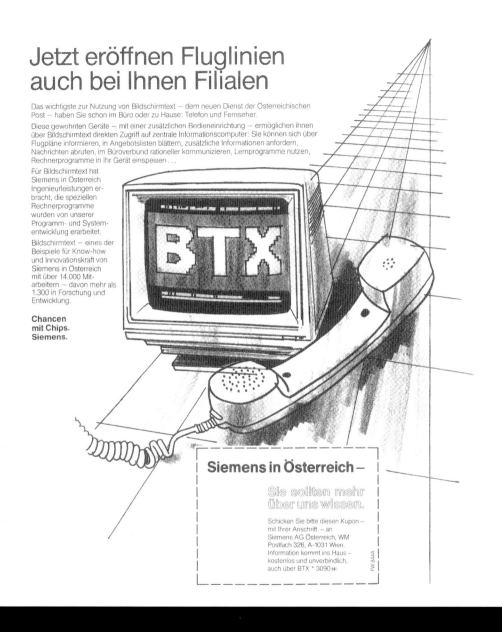

BTX, eine Art Mischung aus Teletext und frühem Internet, scheiterte tragisch an der eigenen technischen Überlegenheit – so ähnlich wie bei den VHS-Nachfolgesystemen: während nämlich in Frankreich das technisch viel schlechtere „Minitel" in kürzester Zeit hunderttausendfach die Haushalte eroberte, benutzte hierzulande, bis auf wenige Betuchte, das viel bessere, aber auch teurere BTX fast niemand ...

„Panda: das intelligente Auto": ein Mini-Container mit neuen Ideen, wie dem Armaturenbrett in Beutelform. Und mit dem Uno gelang Fiat in den 80ern noch ein Weltbestseller. Den landete auch Peugeot mit dem 205. Der Golf wurde erwachsen, und aus dem VW-Bus erwuchs mit dem Renault Espace der erste europäische Vertreter des neuen Typs „Mini-Van". Die Japaner preschten allerdings mit dem Nissan Prairie, dem Mitsubishi Space Wagon und dem Honda Space Shuttle vor.
Audi bescherte uns Anfang der 80er den ersten Wagen mit permanentem Allradantrieb.
Die Botschaft des Ford Sierra lautete, daß dank Windkanalstudien die Autos immer langweiliger werden.

Der neue Golf

Schneller, stärker, leiser, größer, komfortabler, wirtschaftlicher

Schon bisher war der Golf Maßstab für eine ganze Automobilgeneration. Der neue Golf erweitert jetzt die Möglichkeiten in dieser Klasse.

Sein neuer Raumkomfort: die Sitzraumfläche wurde auf 2,60 m² vergrößert. Das kommt vor allem den Fondpassagieren zugute. Mehr Platz aber auch für das Gepäck: Der Kofferraum wurde bis zu 30% vergrößert.

Seine aerodynamischen Eigenschaften: mit einem cW-Wert von 0,34 dringt der neue Golf in die Spitze aller in der Welt produzierten Serien-Limousinen vor. Damit wird der Golf nicht nur schneller. Sondern verbraucht auch weniger Treibstoff.

Seine Motoren: mehr Durchzugskraft schon in den unteren Drehzahlbereichen. Ganz neu der 1,3-l-Motor mit 37 kW/50 PS. Und der neue 1,6 l 51-kW-(70 PS)-Motor mit Schubabschaltung. Mit gleicher Leistung gibt es auch Dieselmotoren für den neuen Golf.

Sein Fahrwerk: mit der neuen Vorderachse und der neuen spurkorrigierenden Hinterachse, größerem Radstand und breiterer Spur erreicht der große Golf Fahreigenschaften, wie sie in dieser Klasse bisher nicht für möglich gehalten wurden.

Und schließlich seine Qualität: denn durch neue Fertigungstechnologien konnte die sprichwörtliche VW-Qualität nochmals gesteigert werden.

Fahren Sie den großen Golf. Jetzt bei Ihrem VW-Betrieb.

Der neue Golf.
Das große Fahrerlebnis.

Verbrauch 37 kW (50 PS): 7,9 l Stadt, 5,5 l bei 90 km/h, 7,3 l bei 120 km/h. Den großen Golf gibt es schon zum unverb., nichtkartell. Richtpreis ab S 116.650,–.

Die große Zeit der Manta-Witze! Friseusen, Goldkettchen und Golffahrer als Haßobjekte.

Don Johnson fuhr, nachdem der Ferrari-Spider von gefühllosen Strolchen in die Luft gejagt worden war, einen Testarossa (allerdings – stillos – einen weißen, Stadtverbrauch 23,7 Liter Super). 1985 brachte Porsche mit dem 959 Turbo den schnellsten Sportwagen der Welt (450 PS, 315 km/h Spitze, permanenter Allradantrieb). Opel baute den Manta bis zum Ende der 80er Jahre und setzte die Kosten als Filmförderung ab ;-)

Fleischhauer und andere Manager erfreuten sich in den 80ern an neuen Spitzenmodellen der S-Klasse, Citroen (mit dem XM) und Alfa Romeo (mit dem 164er) versuchten mit nicht gerade überwältigendem Erfolg Führungskräfte abzuwerben.
Automäßig waren die 80er eher ein Übergangsjahrzehnt. 1989 kam noch der Mazda MX 5 auf den Markt, der dann die 90er prägen sollte.

Wer sagt denn, daß ein besonderes Auto besonders kostspielig sein muß?

Für den Manta gibt es 7 verschiedene Motoren: von 1,2 l-N bis 2,0 l-E, von 40 kW (55 PS) bis 81 kW (110 PS). Und selbst der Stärkste ist noch ungewöhnlich sparsam

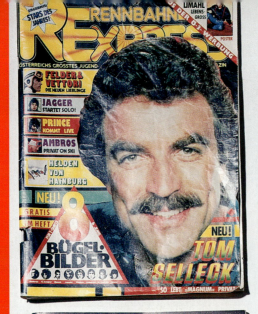

Lauter Nackte: Gab es selbstverständlich nur im WIENER (Mai 1984), dem Magazin für Zeitgeist. Die Fellners hatten damals noch BASTA (in dem Skandale wie die geheimen Bunker der Regierung aufgezeigt wurden), was aber deutlich weniger cool war. Wiener-Mastermind Markus Peichl machte dann mit TEMPO dem deutschen WIENER Konkurrenz und zeigte vor, wo der Bartl den Zeitgeist-Most holt. Doppelt cool. Der RENNBAHN-EXPRESS (Fellner-Gründung, damals die größte Zeitschrift Österreichs) dominierte bei den Jugendzeitschriften, daneben existierten aber noch ETCETERA (flippig, musiklastig), HIT (braver Mainstream, aber fast pornographische Sex-Aufklärung) und OKAY (betulich-kritisch, siehe betroffen machendes Helnwein-Cover). Kurios, aber weitgehend unbedeutend: Lance Lumsdens MUSIC MAN.

Gott wohnte in den 80ern in England und hörte auf den Namen Neville Brody. Was er als Art Director in THE FACE vorzeigte, wurde umgehend kopiert. Vor allem sein Umgang mit neuen Schriften. Im Jahrzehnt darauf kannte ihn selbst Gerd Bacher, der ihn mit der Entwicklung eines neuen ORF-Designs beauftragte (aber das ist eine andere Geschichte).

Auf unseren WIENER durften wir mächtig stolz sein, wurde er doch in einen Verbund europäischer Zeitgeist-Medien aufgenommen, wodurch wir zeitgleich über Lifestyle-Erscheinungen in Madrid, Mailand und London informiert wurden. Internationalisierung war angesagt, und wir waren wirklich neugierig. „Nueva Ola": Für den Wiener-lesenden Städtetouristen kein Fremdwort, denn der kannte sich schon im Vorhinein aus.

BASTA: die Zeitgeist-Illustrierte auch für Hausmeister. Mit Bassena-Promitratsch und Politiker-Schnapskarten.

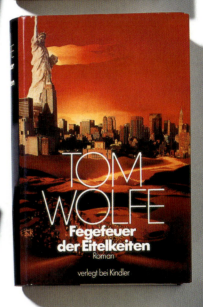

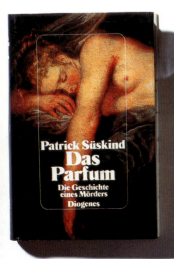
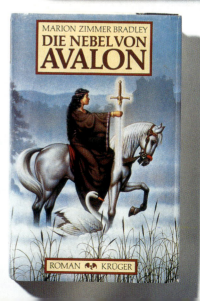

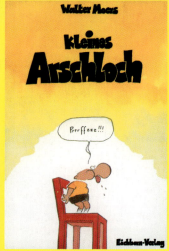
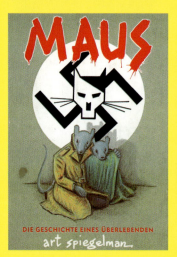

In den 80er Jahren wurden die Comics „erwachsen". Satiren von Brösel, Moers und König erkletterten die Bestsellerlisten, Schwermetall und U-Comix brachten SF, Fantasy, böse Scherze und Erotik für ältere Leser; Moebius zeigte, daß Comics auch Kunst sein können, und Maus brachte ernsthafte politische Auseinandersetzung in die heile Welt der bunten Bilder.
Auf dem Familiensektor machte Garfield Furore, das Marsupilami wurde zu einer Modeerscheinung, und das romantische Fantasy-Comic Elfenwelt brachte auch scharenweise Mädchen zum Comiclesen …

Purple Rain von Prince *feuerzeug zück* … eines von jenen Alben, deren Besitz ich heute nicht verleugne. Was nicht für alle Pop-Ikonen der 80er gilt! Zu Wham! stehe ich beispielsweise heute nicht mehr. Boy George ist mir richtig peinlich. Und Tina Turner ist sowieso jenseits.

Aber geh! „Wake Me Up Before You Go-Go" ist doch eine Weltnummer!

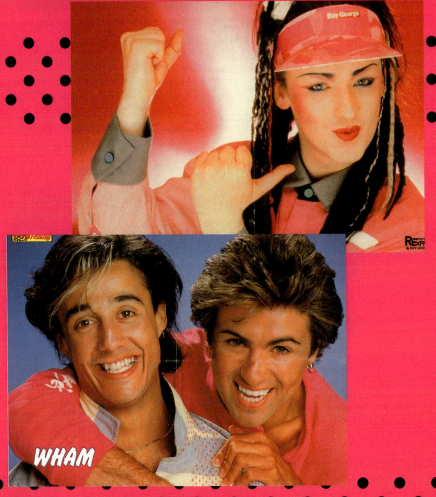

Hey, Michael Jackson war damals ja noch richtig braun!

… und das süße Kuschelfoto mit dem Tigerbaby ist Legende. Wahrscheinlich hat sich das Thriller-Album nur deshalb so gut verkauft!

Das Disco-Fieber ist längst rausgeschwitzt. Trotzdem: Getanzt wird wie nie. Was früher unter Begriffen wie Soul, Funk, Philly und Disco segelte, heißt heute schlicht Tanzmusik. Wie Pilze schießen die Gruppen aus dem Boden, die sich an den Trend hängen; aber auch Oldtimer wie Marvin Gaye erleben eine Renaissance. ME/Sounds stellt die wichtigsten Vertreter der neuen Tanzmusik vor und gräbt nach den musikalischen Wurzeln.

WIR BITTEN ZUM TANZ

Musical Youth hatten einen Hit mit „Pass the Dutchie". Hat da jemals jemand das erste Wort verstanden? „Widwirraschall"??

Nein, das heißt „Da Firaschein" ;-)

Pseudo-getanzte Buchstaben und locker hingeschmissene, gestylte Illus – echt typisch für die „Awesome Eighties"!

Durch das „Sexual Healing"-Video (das mit den Krankenschwestern!) habe ich mich damals als 13jährige echt sexuell belästigt gefühlt …

TOP-Hefte – jeden Monat ein neues zum Sammeln. Und endlich alle Texte zum Mitsingen, mitsamt „lustigen" Ho Knolli-Maxerln und tumben deutschen Übersetzungen …

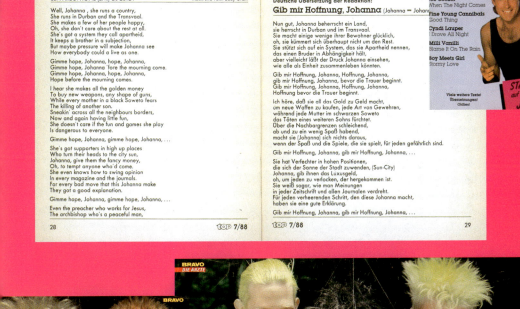

Die Ärzte und Depeche Mode haben mich durch meine Gruftie-Phase begleitet …

„Sweet Gwendoline" *grins*

Musikalisch hat Samantha Fox wohl trotz Titteneinsatz nicht das erreicht, was Nena ohne gelungen ist …

In den 80er Jahren war Austro-Pop noch ein echtes Thema. Werger, Hirsch, Bilgeri, Cornelius, Opus, KGB, STS … das war noch was! *seufz*

„plum, plum boing. plum, plum boing." ... die Instrumentalpassage bei „Leuchtturm" mitzusingen, war eine ganz eigene Herausforderung.

„FRANKIE SAYS RELAX!" – diese weißen T-Shirts mit schwarzer Schrift wollte ich schon immer haben!

Modern Talking: no comment (außer „Nora")

Bei der EAV konnte man sich nie sicher sein, ob die Lieder nun politische Satire waren, Rock oder Pop. Heute eher Flop. :-)

Die Melodie von „Die Welt ist eine Heilanstalt" war 1:1 von den Schmetterlingen abgekupfert. Aber sonst war Spitalo Fatalo natürlich Kult.

„Ich weiß, daß die Frau, die mich erträgt, noch nicht geboren ist … aber ich bitte dich – komm zur Welt". Wow! Falco wird für mich immer und ewig Mr. Cool bleiben …

Lieblingszeile: „Ich mein sie fährt ja U-Bahn auch"

Hansi Lang: „Keine Angst". Als man mit existentieller Verzweiflung noch ins Radio kam …

Der Text von „Sonntag" war an Blödheit kaum zu überbieten, aber beim Songcontest ist es ja egal. Wer versteht schon deutsch? Glück für das Duo Mess. Mein Voting: null Punkte – zero points.

Was aus „Lizzi" geworden ist, wissen wir ja alle … Aber wer war eigentlich der andere? :o)

Mindestens so legendär wie das „kummt net, kummt net"-Taxi war ja „Trude, die Teufelstaube … „… schau, jetzt frißt sie mir sogar aus der Haaaaaaaahh!" „Es liegt ein Grauschleier über der Stadt, den meine Mutter noch nicht weggewaschen hat": Alleine dafür gebührt Fehlfarben das Attribut „Beste NDW-Band". „Keine Atempause. Geschichte wird gemacht. Es geht voran."

Von DAF, Grauzone („Eisbär"), Foyer des Arts, Chuzpe über Trio, Ideal, Minisex, Peter Schilling („Völlig losgelöst …") hin zu Markus, Kitz („Sennerin") und Rucki Zucki Palmencombo – eine ganze Ära von Kunst über Pop zu Kommerz …

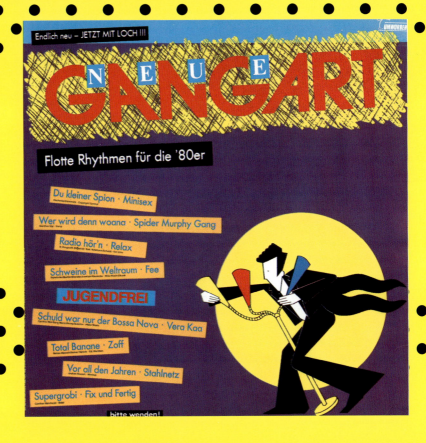

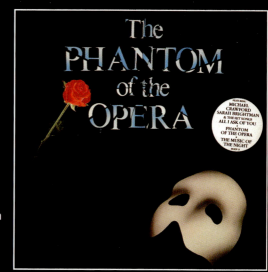

Mit „Cats", „Les Misérables" und „Phantom der Oper" kamen die ersten wirklich großen Franchise-Musicalproduktionen zu uns. Stichwort: „Musicalmetropole Wien".

„Cats" in Wien war die Geburtsstätte vieler Stars: Angelika Milster, Ute Lemper, Steve Barton, Michael Howe u.v.m.

Und Alexander „Sisyphus" Goebel als Phantom? *brrr* Fehlbesetzung!

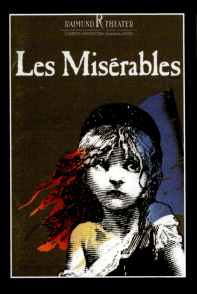
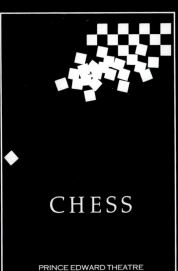

Musicals jenseits des Webber-Imperiums: Mit „One Night in Bangkok" (Murray Head) machte das Abba-Musical „Chess" weltweit Furore. Und „Linie 1" (aus dem Hause „Grips Theater") war das ultimative Berliner Zeitgeist-Musical: „Fahr mal wieder U-Bahn!" Die Verfilmung ist allerdings verzichtbar …

„Les Misérables"-Kurzbeschreibung: Sie kriechen am Boden und leiden!

Na und? Ich habe es 106 Mal gesehen. :o))

… und „schuld" an allem war Peter Weck, der „österreichische Cameron Mackintosh". BRUHAHA!

„Breakdance Sensation '84": Da arbeitet einer im Eissalon und nimmt jeden Abend die Reste mit nachhause, weil die armen darbenden Tänzer sonst nichts zum Futtern hätten. Fazit: Die essen den ganzen Film hindurch nur Eis!
Ich war schwer beeindruckt.

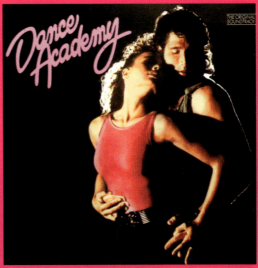

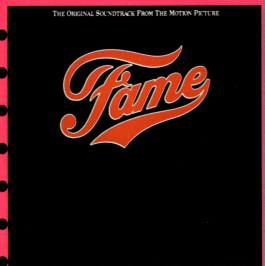

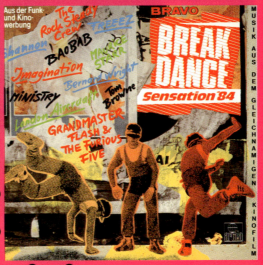

Tanzfilme lagen voll im Trend. Nach „Flashdance" trugen alle ihre Pullover mit den Nähten außen.

So gewandt hat noch nie zuvor eine Schweißerin ihren BH unter dem Schlabber-Pulli ausgezogen …

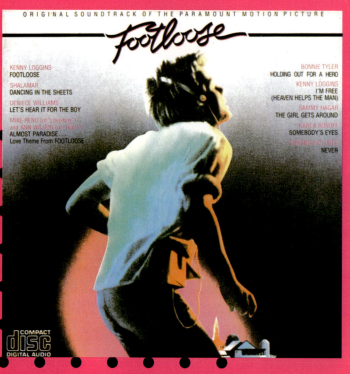

Bonnie Tylers „Holding Out For A Hero" aus „Footloose": eine Weltklassenummer. Und wer weiß heute noch, daß Kevin Bacon einst tanzen konnte???

„Dirty Dancing": Jede noch so kleine Tanzschule begann den Mambo zu unterrichten. Patrick Swayze wurde zum Sex-Symbol, die in der Taille zum Knoten gebundenen weißen Blusen zur neuen Sommermode.

Gute Musik, gute Tanznummern, aber die falschesten 60er-Jahre der Filmgeschichte!

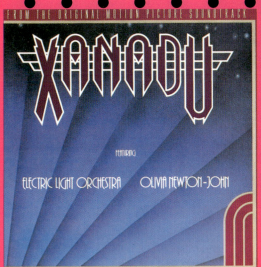

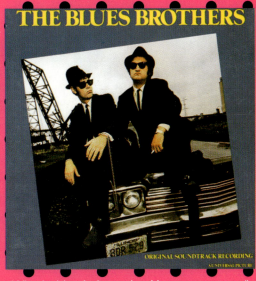

Xanadu! Und wieder mal spielte Olivia Newton-John trotz verräterischer Augenfältchen ein junges Mädchen – der Song dazu war aber damals ein Hammer und wochenlang in der Hitparade. Synthi-Sound!

Und Gene Kelly war auch dabei!

"Wir sind im Auftrag des Herrn unterwegs". Jake und Elwood liefen jahrelang in der Nachtvorstellung. Auswendig mitsprechen war Pflicht.

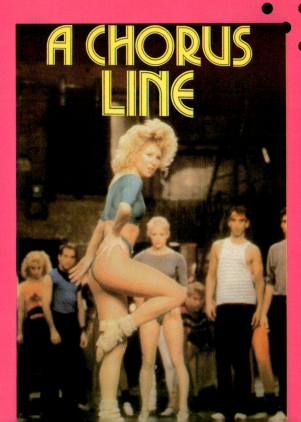

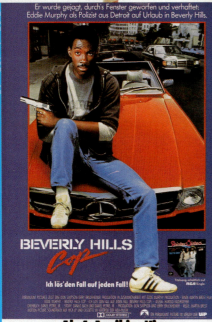

So flotte Sprüche wie Axel F. alias Eddie Murphy konnte ohnedies niemand klopfen. Schon gar nicht die oberpeinlichen Supernasen …

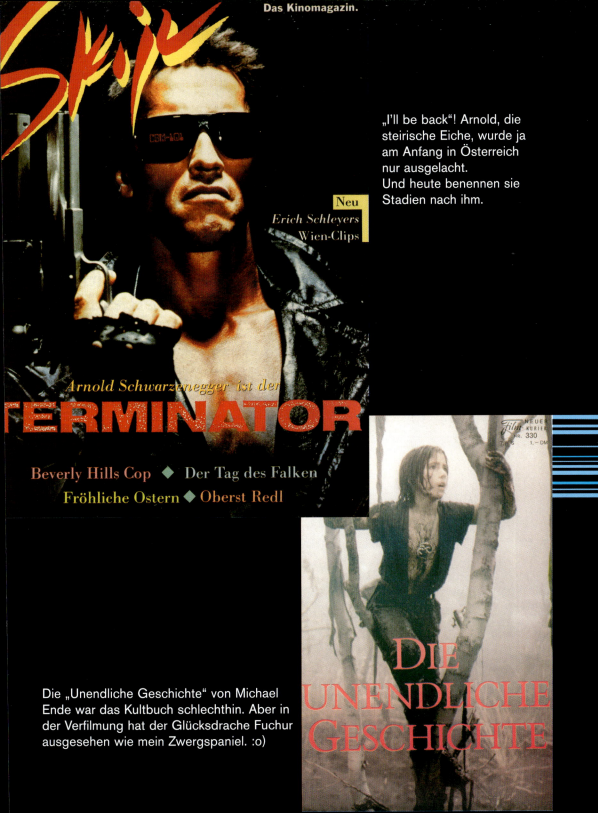

„I'll be back"! Arnold, die steirische Eiche, wurde ja am Anfang in Österreich nur ausgelacht.
Und heute benennen sie Stadien nach ihm.

Die „Unendliche Geschichte" von Michael Ende war das Kultbuch schlechthin. Aber in der Verfilmung hat der Glücksdrache Fuchur ausgesehen wie mein Zwergspaniel. :o)

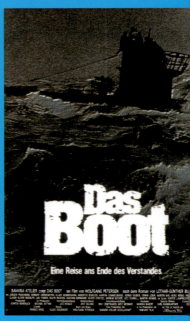

Blade Runner war zwar nicht der kommerziell erfolgreichste Film der 80er, wohl aber der stilbildendste. Eine ganze Generation von Architekten und Designern ließ sich von der Hybridität (Zauberwort!) einer verkommenen Zukunft faszinieren. Hightech neben japanischen Imbißbuden und mittelalterlichen Kloaken in L. A., Bill Gibson hat dieses Szenario dann in seiner „Neuromancer"-Trilogie perfektioniert.

„Das Boot" mit Herbert Grönemeyer – der wahrscheinlich international erfolgreichste deutsche Film der 80er Jahre.

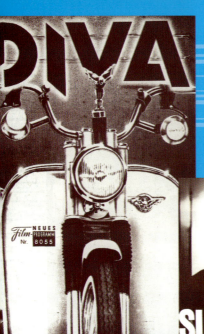
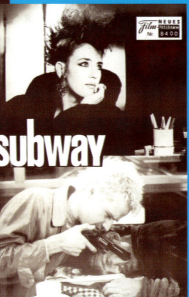

„Subway", „Malaria" von Niki List und „Diva" – das archetypische Film-Trio der coolen Neon-Seite der ersten Hälfte des Jahrzehnts.

„Diva" zeigte uns glaubwürdig einen jungen Menschen, der Opern liebt. Kurz danach wurden auch signifikant mehr Arien-Compilations verkauft. Popfans haben manchmal eben doch ein Herz für Klassik (und bremsen nicht nur für Tiere).

„Top Gun": eigentlich militante Kacke, aber die Fliegerjacke von Tom Cruise wurde zum Kult. Samt Ray Ban-Sonnenbrille – der Inbegriff der Coolness.

„Müllers Büro", inklusive Andreas Vitasek und gesungenem Orgasmus, war auch von Niki List, aber mehr Comedy als gestylt – dafür unglaublich erfolgreich … bis nach Japan!

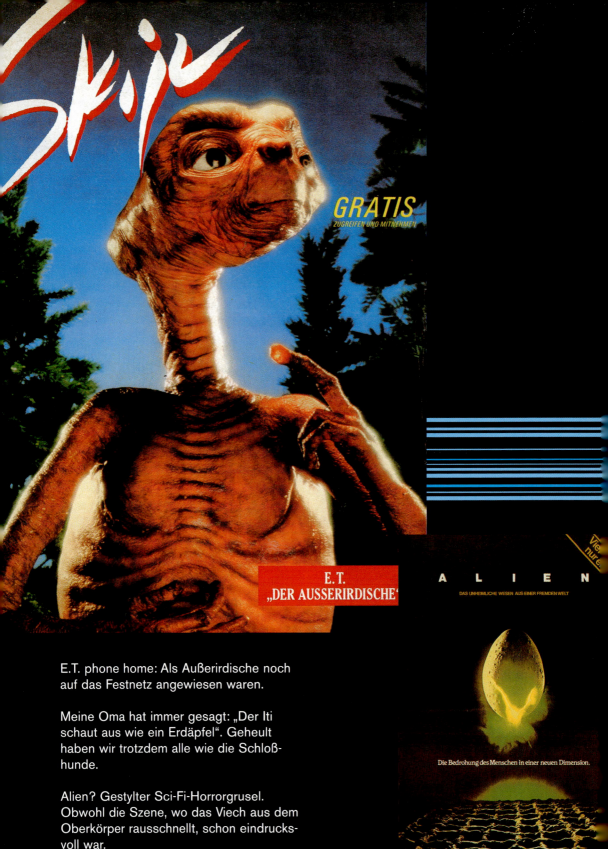

E.T. phone home: Als Außerirdische noch auf das Festnetz angewiesen waren.

Meine Oma hat immer gesagt: „Der Iti schaut aus wie ein Erdäpfel". Geheult haben wir trotzdem alle wie die Schloßhunde.

Alien? Gestylter Sci-Fi-Horrorgrusel. Obwohl die Szene, wo das Viech aus dem Oberkörper rausschnellt, schon eindrucksvoll war.

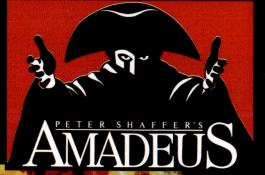

In „Paris, Texas" durfte „Bravo"-Liebling Nastassja Kinski, die immer nur in Flops besetzt wurde, endlich eine erwachsene Rolle spielen. Abgetaucht in der Peep-Show, glaubwürdig. Ob der Film ohne Ry Cooders Titelmelodie wohl auch so eindrucksvoll geraten wäre?

Amadeus: als Prag wieder einmal Wien spielen durfte …

Zurück in die Zukunft, Ghostbusters, Gremlins, Beverly Hills Cops, Falsches Spiel mit Roger Rabbit, 1941… die große Zeit der aufwendig produzierten Filmkomödien aus Hollywood!

Und nicht zu vergessen: Die Teenie-Romantic Comedies … *schwelg*: Breakfast Club, St. Elmo's Fire, Pretty in Pink, Peggy Sue hat geheiratet, Ferris macht blau, Ist sie nicht wunderbar? Das war der Stoff, aus dem Mädchen-Träume sind.

FS 1 | 2 Freitag,

FS 1

- 9.00 **Frühnachrichten**
- 9.05 **Am, dam, des** ›Wetter‹
- 9.30 **Nachhilfe: Latein** (Wh.)
  Grundkurs III, 9
- 9.45 **Nachhilfe: Latein** (Wh.)
  Grundkurs III, 10
- 10.00 **Nachhilfe: Englisch** (Wh.)
  Mittelstufe 1
- 10.15 **Nachhilfe: Englisch** (Wh.)
  Mittelstufe 2
- 10.30 **Meine brillante Karriere**
  Australischer Spielfilm (1978) **(Wh.)**
  Mit Judy Davis, Sam Neill, Aileen Britton, Pat Kennedy, Robert Grubb u. a.
  Regie: Gillian Armstrong
- 12.10 **Spaß an der Freud**
  ›Barnyard Frolic‹
- 12.20 **Seniorenclub** (Wh.)
- 13.00 **Mittagsredaktion**

Ferienprogramm:
- 15.00 **Eine total, total verrückte Welt** (2) (Wh.)
  US-Filmlustspiel (1963)
  Mit Spencer Tracy, Mickey Rooney, Buddy Hackett, Milton Berle, Dorothy Provine, Sid Caesar, Peter Falk u. a.
  Regie: Stanley Kramer
- 16.05 **Ich war frei, ich war glücklich** (Wh.)
  Eine Show mit Julie Andrews
  Gäste: Leslie Uggams, Leo Sayer, Allan King und die Muppets
- 17.00 **Am, dam, des** (Wh.)
- 17.30 **Die Abenteuer von Tom Sawyer und Huckleberry Finn**
  Nach Mark Twains Jugendbuch
  ›Erste Liebe‹
- 17.55 **Betthupferl**
- 18.00 **pan-optikum**
- 18.25 **ORF heute**
- 18.30 **Wir** (Familienprogramm)
- 19.00 **Österreich-Bild**
- 19.30 **Zeit** im **Bild**
- 20.15 **Der Alte** ›Die Unbekannte‹
  Erwin Köster (Siegfried Lowitz), Gerd Heymann (Michael Ande), Richard Ohlbeck (Krystian Martinek), Margarete Wendt (Michaela May), Dorothea (Christine Wodetzky), Herr Ohlbeck (Klaus Höhne), Trödler (Erland Erlandsen) und andere
  Regie: Zbynek Brynych
- 21.20 **Jolly Joker**
- 22.10 **Sport**
- 22.20 Nachtstudio:
  Die Antiquiertheit des Menschen
  Günther Anders im Gespräch mit Alexander Giese
  (Wh. vom 24. 10. 80, FS 1)
- 23.20 **Schlußnachrichten**

FS 2

- 17.55 **ORF heute**
- 18.00 **Die Galerie**
  In der heutigen Sendung werden die interessantesten Sommerausstellungen im Raum Wien und Niederösterreich vorgestellt.
- 18.30 **Ohne Maulkorb**
  Das Jugendmagazin

Die Schauspielerin und Liedermacherin Linde Prelog (Bild) setzt sich in ihren — sehr persönlichen — Texten hauptsächlich mit Frauenthemen auseinander. Lucky Stepanik drehte ein Porträt der sensiblen Feministin, deren erste LP in diesem Frühjahr erschienen ist. Um Selbstfindung geht es in dem Lied ›I suach mi‹, das die Geschichte einer Frau erzählt, die nach einer gescheiterten Beziehung die neugewonne Freiheit erst verkraften muß. Wie sie sich lebbare Beziehungen vorstellt, schildert Linde in dem Liebeslied ›Du‹. Die Problematik des Mutter-Tochter-Verhältnisses wird in ›Mama‹ behandelt. Lindas bekanntestes Lied beschreibt ihr ganz persönliches Glücksgefühl: ›Fliagn‹.

- 19.30 **Zeit** im **Bild**
- 20.15 **Was ist mit der Sonne los?**
  Rätsel um die physikalischen Vorgänge in unserem Zentralgestirn
  Gestaltung: Peter Kaiser
- 21.20 **Politik am Freitag**
  mit **zehn vor zehn**
- 22.20 **Rendezvous zum fröhlichen Tod**
  (Au rendez-vous de la mort joyeuse)
  Horrorfilm (Frankreich/Italien 1972)
  Françoise (Françoise Fabian), Marc (Jean-Marc Bory), Sophy (Yasmine Dahm), Dominique (Sébastien Stark), Henry (Renato Salvatori), Peron (Jean-Pierre Darras), Kleber (André Weber), Beretti (Gérard Depardieu), D'Aval (Claude Dauphin), Leroy (Michel Creton) u. a.
  Regie: Juan Buñuel
- 23.40 **Schlußnachrichten**

1 17.30 Die Abenteuer von Tom Sawyer und Huckleberry Finn

›Erste Liebe‹

Als Tom (Sammy Snyders, r.) erfährt, daß sein großer Schwarm Becky auch zu der Bibelpreis-Verteilung kommen wird, bittet er Huckleberry (Ian Tracey), den fehlenden Fleißzettel zu besorgen. Huck treibt das kostbare Stück Papier auch tatsächlich auf. Doch bei der Preisverteilung hat Tom dann trotzdem Pech. seiner Liebe zu Becky ändert das nichts...

2 18.30 Ohne Maulkorb

Gibt es eine ›Frauenkultur‹

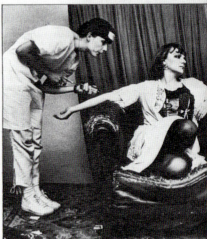

In einem Bericht über das Kultur- und Kommunikationszentrum für Frauen in der Drachengasse setzt sich Brigitte R... mit dem Begriff ›Frauenkultur‹ auseinander. In der D...chengasse gibt es neben ›gemischten‹ Veranstaltung... (Bild: Festwochenproduktion ›Evita Peron‹) auch Semin... und Selbsterfahrungsgruppen — von Frauen für Frau...

31. Juli

① 20.15 DER ALTE
›Die Unbekannte‹

Richard Ohlbeck (Krystian Martinek) ist mit einer verheirateten Frau namens Dorothea liiert. Dorotheas Mann ist Chefarzt, unberechenbar und gewalttätig. Da sie ständig von ihm mißhandelt wird, wünscht sich Dorothea insgeheim, daß ihrem Gatten etwas zustoßen möge. Auch Richard findet an diesem Gedanken Gefallen und versucht, beim Trödler (Erland Erlandsen, l.) eine Pistole zu erstehen ... Kurz darauf ist der Chefarzt tot, und Kommissar Köster steht vor einem Rätsel.

① 21.20 Jolly Joker
Hochsee-Segeln und weibliche Muskelprotze

Bei den deutschen Meisterschaften für Frauen-Body-Building interviewte Elisabeth Vitouch Muskelmädchen (Bild) über ihr Training und ihre Ambitionen. Auch die betroffenen Ehemänner kommen zu Wort. Ein Bericht aus Grado befaßt sich mit dem Hochsee-Segelschein, und Niki Lauda war Gast beim ›Mercedes 300 SL-Club‹.

② 20.15 Was ist mit der Sonne los?
Wissenschafts-Dokumentation von Peter Kaiser

Der Österreicher Wolfgang Pauli entdeckte 1931 auf rechnerischem Wege die Neutrinos. Es sind dies subatomare Teilchen ohne Ladung und Gewicht, die in enormen Mengen von der Sonne abgegeben werden. Bei einem Experiment stellten amerikanische Wissenschaftler fest, daß weniger Neutrinos als angenommen die Erde erreichen. Was bedeuten könnte, daß uns bald eine neue Eiszeit bevorsteht ...

Heute haben amerikanische Astronomen das letzte Mal in diesem Jahrtausend Gelegenheit, eine Sonnenfinsternis (o.) zu beobachten, die aber bei uns nicht sichtbar ist. Links: Sonnenfackel mit Partikelstrahlung, von der US-Raumstation Skylab aus gefilmt

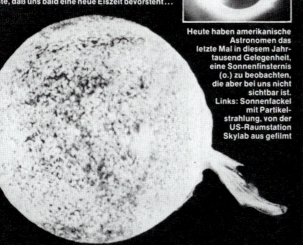

② 22.20 Rendezvous zum fröhlichen Tod
Horrorfilm von Juan Buñuel

Juan Buñuel, der Sohn des berühmten Filmregisseurs Luis Buñuel, trat in die Fußstapfen seines Vaters: 1972 drehte er diesen surrealen Horrorfilm, seinen Erstling, dessen phantasievolle Machart die Kritiker begeisterte. Françoise (Françoise Fabian) und ihr Mann (Jean-Marc Bory) werden durch Erscheinungen in ihrem ruhigen Familienleben gestört ...

Die Carrington-Christl war ja leider lange Zeit in den Friseurläden das, was der Kirchschläger-Rudi in den Klassenzimmern war. Das große Vorbild!

Kulturtechnisch sind wir aber für diese Öl-Soaps dankbar. Seit damals weiß man, wie man sich das Leben der reichen Leute vorstellen darf.

Nicht zu vergessen die Weinbauern von „Falcon Crest"!

Übrigens: wer hat denn nun eigentlich auf J. R. geschossen???

Er kommt – Knightrider! Ein Auto, ein Computer, ein Mann! *abgrusel*

Und „Die Schöne und das Biest" – was für ein Tearjerker!

Aber immer noch besser als „Doogie Howser" … ;o))

„Dallas"-Pam Victoria Principal gewann im Pop Rocky den „Goldenen Schlumpf" als beliebteste Schauspielerin. Daß der Bobby statt ihr dann die doofe Priscilla Presley geheiratet hat, ist unverzeihlich!

FERNSEHEN

Dornenvögel: ach, diese schöne Melodie…

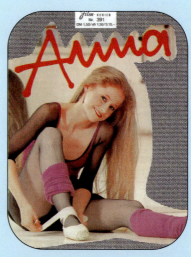

Anna: Gelähmte macht Ballettkarriere ;o) Mädchen-Kult als Weihnachtsserie.

Hotel: Love-Boat am Festland. Natürlich von Aaron Spelling. … und Don Johnson macht als MTV-Cop Versace und Cerruti zum Star mit Miami Vice. :o)

Einfach ehrlich, einfach Alf.

Spitting Image und Dame Edna! Mein ewiger Dank an die Kunststücke-Redaktion!

Ich dachte ja, daß Edith Klinger das Fernsehen zeitgleich mit dem Seniorenclub erobert hätte. Doch weit gefehlt. Ihre erste Sendung machte sie 1980 oder 1981.

„Wer will mich?" haben wir immer in der Volksschule nachgespielt! :o)

Hihi … dazu fällt mir spontan „Dingsda" ein.

Tele-Wischn: „Spitting Image" in rot-weiß-rot. War besser als sein Ruf.
Ein letztes Aufbäumen des ORF in Sachen Comedy und Kabarett im Fernsehen …
Kann sich eigentlich noch irgend jemand an „M – Das Männermagazin" erinnern? Brrr.

Lukas R. – der dritte „Kottan". ‚Inspektor' gab's auch bei ihm ‚kan'. ;-)

Udo Huber behauptet ja, daß er seine Overalls nur sechs Monate lang getragen hat. Warum bloß steht der Mann nicht zu seiner Vergangenheit?

Jedenfalls waren die „Großen 10" ein Pflichttermin am Sonntag Nachmittag.

„Ohne Maulkorb" (mit Karin Resetarits) und „Okay" (Vera Russwurm) … als es noch Jugendsendungen im ORF gab …

MONTAG

FS 1

- 9.00 **Nachrichten** (Teletext)
- 9.05 **Flug in die Hölle**
- 9.55 **Fred Basset**
- 10.00 **Gewerbe in Österreich**
- 10.15 **Bild und Musik**
- 10.30 **Mord im Orient-Expreß** (Wh. v. 16. 10.)
- 12.30 **Der Dichtergarten** (Wh.)
- 13.30 **Aktuell**
- 13.35 **Ein Fall für den Volksanwalt** (Wh. v. So.) anschl. **Reaktionen** (VPS 13.36) Bis ca. 14.05 Uhr
- 16.30 **Am, dam, des: Die Feuerwehr**
- 16.55 **Mini-ZiB**
- 17.05 **Dennis** (13)
- 17.25 **Bojan, der Bär**
- 17.30 **Der Stein des Marco Polo**
- 17.55 **Betthupferl**
- 18.00 **Wir** (Wh. am 18. 10.)
- 18.30 **Falcon Crest**
  Machtwechsel
  Gustav Riebmann stellt sich unter dem Namen Jean-Louis de Bercy als neuer Nachbar vor
  Mit Jane Wyman, Robert Foxworth, Susan Sullivan, Lorenzo Lamas u. a.
- 19.30 T **Zeit im Bild 1**
- 19.57 **Sport**
- 20.15 **Sport am Montag** (Wh. am 18. 10.)
- 21.08 **Meister kochen**

- 21.15 **Miami Vice**
  ● Teufelskreis
  Mit Don Johnson, Philip M. Thomas u. a.

- 22.00 **Die Gesegneten**
  ● Mit Harriet Andersson, Per Myrberg, Christina Schollin u. a.
  Regie: Ingmar Bergman

- 23.20 **The Munsters** (SW)
- 23.45 **Aktuell**

universal VERSAND bringt's
Auf 482 Seiten

FS 2

- 16.00 **Wurlitzer**
- 17.30 **Auf der Suche nach dem verlorenen Paradies**
  3. Folge: Wie ein Teppich aus Blumen (Wh. am 19.10.)
- 18.00 **Lindenstraße**
  Das Zeichen
  Mit Andrea Spatzek, Thorsten Nindel, Stefanie Muhle, Joachim Luger, Georg Uecker, Susanne Gannott, Hermes Hodolides, Irene Fischer u. a.
- 18.30 **Lokalprogramm**
- 19.00 T **Zeit im Bild 1** ca.
- 19.20 T **Wissen aktuell**
- 19.30 T **Zeit im Bild 1**
- 19.57 **Kulturjournal**

- 20.15 **Die Schwarzwaldklinik**
  ● Wie du mir, so ich dir
  Mit Klausjürgen Wussow, Gaby Dohm, Sascha Hehn, Andreas Winterhalder, Angelika Reißner, Olivia Pascal, Evelyn Hamann, Knut Hinz u. a.

- 21.00 **Neu im Kino**
- 21.08 **Meister kochen**
- 21.15 **Schilling**
  Wirtschaftsmagazin
- 21.50 **Seitenblicke**
- 22.00 **Zeit im Bild 2**

- 22.20 **Bildschirmfieber**
  Film von Marie-Rose Bobbi und Michael Busse

- 23.05 **Al Jolson**
  Wie war Al Jolson wirklich?
  Diese Dokumentation versucht den Mann, der sich selbst als besten Entertainer aller Zeiten bezeichnete, durch Interviews mit Bekannten und Freunden dem Zuschauer näher zu bringen
- 0.05 **Aktuell**

T **Teletext-Untertitel**

Mehr Garantie bei jedem Einkauf
- Supergünstige Preise
- Markenqualität
- 1 Jahr Garantie
- Umtausch und Rückgaberecht
- Freie Zahlungsmöglichkeit
- Warenübernahme ohne Nachnahme

Erfahren von der Notlage der Frau eines Kollegen: Don Johnson, Philip Michael Thomas

Miami Vice

21.15 FS1 Krimiserie
Drogenfahnder kommen Crockett und Tubbs bei einem Einsatz gegen Dealer in die Quere. Die scheinbare Panne entpuppt sich als raffinierter krimineller Coup. Die vermeintlicher Fahnder waren Gangster, die bei ihrer Aktion eine Viertelmillion Ankaufgelder von Miami Vice erbeutet haben. Offenbar haben sie jemanden in der Drogenfahndung, der ihnen Informationen über geplante Einsätze beschafft. Selbst in falschen Verdacht geraten suchen Crockett und Tubbs den Informanten

ARD

- 9.45 **ARD-Ratgeber**
- 10.00 **Heute**
- 10.03 T **Die Schwarzwaldklinik** (Wh.)
- 10.50 **Degenduell** (Wh.)
- 12.25 **Globus** (Wh.)
- 13.00 **Heute**
- 15.05 **Sinhá Moça**
- 15.30 **Crazy Motor Show** (6)
- 16.00 **Trickfilmschau**
- 16.15 **Die Sendung mit der Maus**
- 16.45 **Sandkasten-Djangos** (2)
- 17.15 **Tagesschau**
- 17.25 **Bayernstudio**
- 17.35 **Großstadtrevier**
- 18.35 **Tagesschau**
- 18.45 **Sport**
- 19.15 **Bayernstudio**
- 19.20 **Polizeiinspektion 1**
- 19.50 **Bayernstudio**
- 20.00 T **Tagesschau**
- 20.15 **Oh Gott, Herr Pfarrer** (3)
- 21.10 **Rückwärts in die Zukunft**
- 21.45 T **Ein Münchner in New York**
- 22.30 **Tagesthemen**
- 23.00 **Verschwendetes Leben**
  Ung. Film (1981) mit Juli Bast (Zweikanalton)
- 0.40 **Tagesschau**
- 0.45 **Nachtgedanken**

ZDF

- 13.15 **Diakonie – Das notwendige Tun**
  3. Die im Dunkeln
- 15.55 **Heute**
- 16.00 **Boomer, der Streuner**
  Hundediebe
- 16.25 **Verkehrsare**
- 16.55 **Heute**
- 17.10 **Tele-Illustrierte** (In Stereo)
- 17.45 **SOKO 5113**
  Hausbesuche
  Mit Werner Kreindl
- 19.00 **Heute**
- 19.30 **Der schöne Mann**
  Fernsehfilm von Mariane Lüdcke frei nach der gleichnamigen Erzählung von Dieter Wellershoff
  Mit Max Volkert Marten
- 21.15 **WISO**
- 21.45 **Heute-Journal**
- 22.10 **Ach du liebe Zeit!**
  Zeitverständnisse – Zeitordnungen
- 22.40 **Francesca**
  Film von Verena Rdolph
  Mit Eva Lissa, Dorothe Neff, Bernhard Wosie, Karl Dönch, Mariane Hoppe, Bernhard Mine
- 0.15 **Heute**

TV KURIER

17. OKTOBER

Die Gesegneten

22.00 FS1 *Problemfilm*

Sune Burman, ein durchgefallener Theologiestudent, ist suizidgefährdet. Viveka, die scheinbar innerlich Starke, gibt ihm Halt. Nach sieben sorglosen Jahren tritt das zutage, was ihre Kindheit verpestet hat: Vivekas Tendenz zur psychischen Krankheit bricht aus.

Eine Wahnvorstellung, die mit Liebe verwechselt wird: H. Andersson

Probleme nicht nur im Spital: E. Hamann, Klausjürgen Wussow

Schwarzwaldklinik

20.15 FS2 *Serie*

Während sich Otto Heinsen nicht nur mit den Folgen seines Autounfalls, sondern auch mit seinem schlechten Gewissen wegen seiner Frau herumplagt, bemitleidet sich sein Zimmerkollege, der übergewichtige Pfarrer Kleinschmidt, den ganzen Tag selbst. Professor Brinkmann hält seinem wehleidigen Patienten eine Predigt, die sich gewaschen hat.

Bildschirmfieber

22.20 FS2 *Bericht*

In kaum einem Land der Welt hat sich der Bildschirmtext durchsetzen können. Selbst in den USA und Japan war seine Einführung ein Riesenflop. Nur in Frankreich gelang das Wunder: Millionen Telefonkunden besitzen dort einen Teletext-Terminal (Minitel). Tausende Dienste sind über den Minitel anwählbar. Und täglich kommen einige dazu.

Frankreichs neue Droge: Bildschirmtext im Restaurant

Harter Kampf gegen Menschenschmuggler: Charles Bronson

Der Grenzwolf

21.05 RTL plus

Jeb Maynard ist der Chef einer Polizeistation in der Nähe der Grenze. Nach dem Mord an seinem Kollegen Scooter geht Jeb unerbittlich gegen die skrupellosen Menschenschmuggler vor, die illegale Einwanderer von Mexiko in die Vereinigten Staaten einschleusen. Ausgerechnet am Weihnachtstag steht er unversehens dem Mörder gegenüber.

Bayern (BR)
- 9.00 Telekolleg: Deutsch
- 9.30 Hals und Beinbruch
- 15.15 Viens jouer avec nous
- 15.30 Playtime
- 15.55 Erfindungen der Urzeit (SW)
- 16.15 Pauk et Pauk: Latein (1) (SW)
- 16.30 Unter Wasser – Aus der Reihe: Film als Hobby
- 17.00 Telekolleg: Deutsch
- 17.30 Abendschau
- 17.45 Super-Grips
- 18.15 Abendschau
- 18.45 Rundschau
- 19.00 Live aus dem Schlachthof – Der Montagabend mit Talks, Clips und Diskussionen
- 20.45 Natur (v)erleben – Die ökologischen Folgen des Massentourismus
- 21.30 Rundschau
- 21.45 Blickpunkt Sport
- 22.45 Z.E.N. – Musik auf Straßen und Plätzen
- 22.50 Einsatz in Manhattan – Tod einer Zeugin mit Telly Savalas, Dan Frazer, Gloria Grahame
- 23.35 Rundschau

Schweiz
- 13.55 Tagesschau
- 14.00 Samschtig-Jass
- 14.25 Tiparade
- 14.55 Zur Sache
- 16.10 Tagesschau
- 16.15 Treffpunkt – Mit Eva Mezger
- 17.00 Hoschehoo
- 17.30 Spielzeit – Playtime
- 17.45 Gutenachtgeschichte
- 17.55 Wilden Tieren auf der Spur – Der Eisbär
- 18.20 Auf eigene Faust (5)
- 18.55 Tagesschau-Schlagzeilen, DRS aktuell
- 19.30 Tagesschau, Sport
- 20.05 Tell-Star
- 20.55 Kassensturz
- 21.30 Tagesschau
- 21.45 Napoleon (2) – Franz Stummfilm (1925 bis 27) mit Vladimir Roudenko, Albert Dieudonné, Abel Gance, Edmond van Daele, Gina Manès, Annabella, Marguerite Gance. Regie: Abel Gance (Mit deutschen Zwischentiteln)
- 23.35 Svizra rumantscha (Wh.) ca.
- 0.05 Nachtbulletin

3sat
- 17.20 Mini-ZiB
- 17.30 Biene Maja – Wo sind Flipp und Willi?
- 18.00 Bilder aus Österreich – Menschen, Landschaft und Kultur

SAT 1
- 6.00 Guten Morgen
- 9.10 Kiwi (Wh.)
- 9.35 Familie Feuerstein (Wh.)
- 10.05 General Hospital (Wh.)
- 10.50 Kochen (Wh.)
- 11.05 Der goldene ...
- ... Popeye ... Sechs-Dollar-... (Wh.) ...
- ... Onkel Bill ...
- ... (1980) mit Charlson u. a.
- 23.00 News & Stories
- 23.40 Vorschau

RTL plus
- 6.00 Guten Morgen
- 9.12 Die Springfield-Story (Wh.)
- 12.30 Hulk (Wh.)
- 13.20 Der Equalizer (Wh.)
- 14.10 Action – Neu im Kino (Wh.)
- ... Springfield-...
- ... Film ...
- ... aktuell
- ... Kulturmagazin
- 23.35 MOSH – Top 10
- 0.20 Sendeschluß

Super Channel
- 7.00 News 7.15 Business 8.00 Supertime 9.00 Sons & Daughters 9.25 Capitol 9.50 Yoga 10.00 Touristic 10.30 Daley Thompson 10.55 Chinese Cookery 11.20 Patchwork 11.55 You Are What You Eat 12.00 Carry on Laughing 12.30 Kate & Allie 13.00 Capitol 13.30 Sons & Daughters 14.00 Nurse 15.00 Supersounds 18.15 Classic Concentration 18.40 Kate & Allie 19.10 Say Ah 19.40 Film Show 20.15 News 20.30 Broken Promise. Film, starring Melissa Michaelsen 22.20 Football 23.20 News 23.45 Supersounds 0.45 Close

Sky Channel
- 7.00 Good Morning DJ Kat 9.00 Dennis 9.30 Jayce 10.00 Pop 13.00 Another World 14.00 Beyond 2 000 15.00 Barrier Reef 15.30 Skippy 16.00 UK Top 40 17.00 DJ Kat 18.00 The Monkees 18.30 Jeannie 19.00 The Ropers 19.30 Tandarra 20.30 Murder in the First Person Singular. US-film (1974) 21.50 Motorsports 22.20 Ice Hockey 23.20 Pop 1.00 Prague Chamber Ballet 2.15 George Pompidou Centre 3.15 Maya 3.25 Science 3.30 Music 6.30 Close

---

FERNSEHEN

„Bum Bum Boris ist geil … g-g-g-geil"

Mag sein. Aber für uns Mädels gab es damals nur einen deutschen Sportstar: Eis-Beauty Katharina Witt!

Als Boris und Steffi Wimbledon gewannen, hat uns Ösis auch der tennismäßige Ehrgeiz gepackt. War Muster damals in der Volks- oder schon in der Mittelschule?

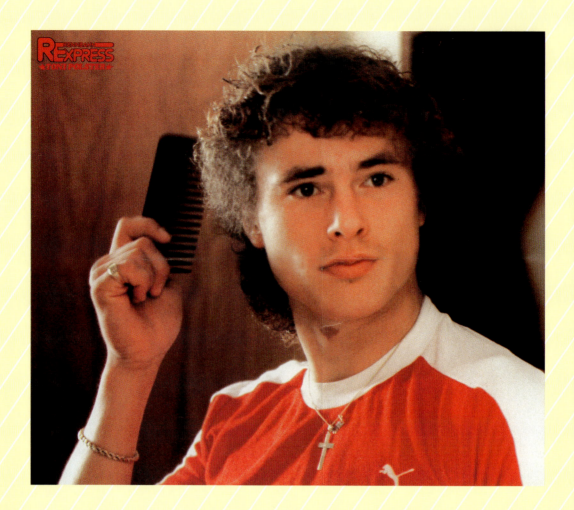

Österreichische Top-Sportler in den 80er Jahren? Nach Lauda, Klammer, Krankl und Prohaska – Fehlanzeige! Sieht man von einer olympisch vergoldeten Dressurreiterin ab (ob mehr als 0,1% der Österreicher vorher wußten, daß das eine olympische Sportart ist?) – und natürlich von Peter Seisenbacher, dem zweifachen Judo-Olympiasieger und -Weltmeister. Und Toni Polster gab wie immer sein Bestes, obwohl die anderen mit Diego Maradona und Ruud Gullit auch nicht schlecht dastanden …
In den USA setzte sich der Muskelvermehrer und Ex-Österreicher Arnold S. für Behindertensport und Volksertüchtigung ein :-)

DESIGN

Sportlich, jung, dynamisch – die Jogging- und Aerobic-Mode erobert den Alltag: Stirn- oder Schweißbänder (auch zu betonharten Haarspray-Frisuren), Legwarmers zu Jeans und der legere Pulli um Schultern und Hüften – ein Muß!

Trendwende am Modemarkt! Collegepullover statt bauchfreier Tops, Schnürlsamt-Karottenhosen statt Glockenhosen, die Jeans hatten Bundfalten und eine Samtschleife um den weißen Blusenkragen war todschick. Statt orange, braun und beige dominierten bordeauxrot und dunkelblau. Paisley- und Blumenmuster wichen dem Karo. Benetton verpflichtete uns strictly zu zweifarbigem Look.

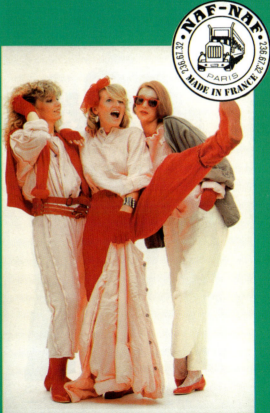

Benetton, Naf Naf, Fruit of the Loom, Lacoste, Schildkröt – Anfang der 80er, als Kleider Namen bekamen. Das aufgenähte Logo, und nicht der Pulli selber, entschieden erstmals über „cool" oder „uncool".

Ich kann mich an gefälschte Logos zum Selber-Aufnähen erinnern. Und an Parodien mit kotzenden Krokodilen…

Armani, Versace und Cerruti: Was wir aus „Miami Vice" kannten, gab es alles bei „Don Gil". So mancher Mann von Welt im Logowahn glaubte allerdings, daß die Aufnäher außen am Sakkoärmel Weltgewandtheit beweisen würden. Tja …

MÄDCHEN '85
TRAG MICH!

In London sind Pullis, Röcke und T-Shirts in schlechthin — 1985 kommen die leuchtend-zu strahlen beginnen, endlich auch in unsere Clothes des Frühjahrs hier vor — und gibt Tips,

Neonfarben schon längst der neue Jugendhit bunten Modelle, die im Neon-Licht erst richtig Boutiquen! Der R-E stellt auch die schönsten Neon wie ihr diese Mode am besten kombinieren könnt:

Des weiteren hatte ich fingerlose Handschuhe aus schwarzer Spitze. Ganz so wie Madonna in „Susan ... verzweifelt gesucht"! *schwelg*

Meinen grellgelben Neon-Pulli trug ich zu einer hellblauen Bundfalten-Jeans. Hineingesteckt. Und mit weißem Nietengürtel. Unwiderstehlich ... ;o)

EIN DRESS IM UV-LOOK:
Die knallgelbe Latzhose am Foto oben links, sammt durch neonfarbenes Zubehör — wie einen giftgrünen Pulli und dem pinkfarbenen Gürtel — richtig leuchtend zur Geltung. Die mit Leuchtstreifen bedruckte schwarze Hose (oben rechts), steht am stärksten zu einem Neon-Shirt aus, dessen orangefarbene Streifen auf der Vorderseite bei UV-Licht zu strahlen beginnen! Modelle: Frontline, Pullis: Lord Rieger).

PINK ALS HIGHLIGHT
Schwarz mit Neon-Pink — das ist eine schönsten Kombinationen dieses Mode-L (Foto oben). Der schwarze Anzug hat auf Vorderseite einen leuchtenden Glitzer druck, am Auffälligsten dazu sind Gürtel, H schuhe, Schweißbänder und eine Schal in Pink. (Frontline).

NEU: NEON-AUFDRUCKE!
Der neueste Modegag aus London sind T-Shirts, mit riesigen neonfarbenen Aufdrucken (Fotos oben). Das

BIS ZUR FINGERSPITZE!
Zum hellgrün leuch... wird ein pink far...

NEON HAUTENG:
Das giftgrüne hauenge Kleid am Foto oben, wirkt am lässigsten mit einem breiten, neonpel...

Ohne Schulterpolster ging gar nichts. Einen Pulli überzuziehen ist aber auch einfacher als Bodybuilding zu betreiben ... Freizeitmode ist eine Erfindung der 80er, die wir nicht mehr losgeworden sind ...

99 DESIGN

Fido Dido war der Versuch, eine sympathische Werbefigur für eine eigene Produktlinie zu entwickeln und damit gleichzeitig eine friedliche Philosophie zu verbreiten: „Fido is for Fido. Fido is for everybody. Fido is against no one."

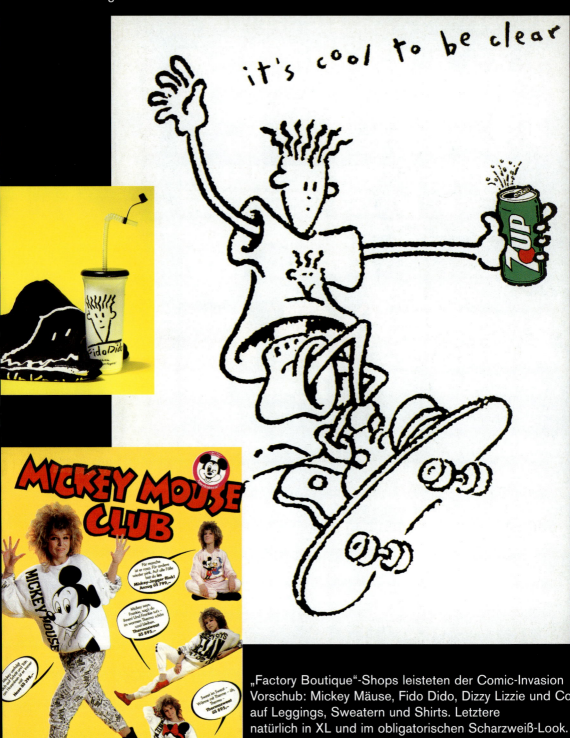

„Factory Boutique"-Shops leisteten der Comic-Invasion Vorschub: Mickey Mäuse, Fido Dido, Dizzy Lizzie und Co. auf Leggings, Sweatern und Shirts. Letztere natürlich in XL und im obligatorischen Scharzweiß-Look.

Ein Tag in der City

Bummeln, schauen, kaufen – mit Modellen, die man von morgens bis abends tragen kann, die klassisch in den Farben, brandneu in der Optik sind

I NUOVI "PEZZI"

Eine Saison lang gab es diese Wendestoffe, die auf der Rückseite eine Kontrastfarbe hatten. Blau/Pink oder Grün/Gelb etwa. Pink war überhaupt ein Thema. Neben Fuchsia, Petrol und Blitzblau.

Gräßlich aus heutiger Sicht finde ich die langen Glanzblusen mit Seitenschlitzen und rundem Saum, die man außen trug. Ein breiter Gürtel um die Hüfte dazu mußte sein, damit man die Bluse oben ein bißchen rausschoppen konnte. Mit diesem Look sahen sogar die langen Bohnenstangen wie Weight-Watchers-Kandidatinnen aus …

Mein Gott, Teddyplüsch! Der Traum meiner schlaflosen Nächte! Meine beste Freundin hatte eine Teddyplüschjacke in Dunkelpink. Ich hätte glatt sterben können vor Neid …

Der neue "Pelz" heißt Teddyplüsch

Kette
672.752
12.95

Fesch: schwarze Strümpfe zu weißen Kleidern! War aber ein *must* in meiner Schulzeit. Ebenso wie die überlangen, bedruckten Schuhbänder, die wir um Stirn und Handgelenk gewickelt haben. Auf meinem waren gelbe Smiley-Gesichter drauf.

Wer brauchte schon Diamanten? Mit Straßschmuck am ersten Schulball kam das Prinzessinnen-Feeling ganz von alleine.

Nieten auf Gürteln, Armbändern und Jeans-Seitennähten – need I say more?

Nogge

Um die Erfindung des Haargels zu würdigen, waren plötzlich Kurzhaarschnitte topmodisch. „Stehfrisur" nannte man das pickige Kunstwerk dann stolz, und „ausgeflippt".
Die ebenfalls schwer gegelten Jungs konnten uns aber an unseren dicken schwarzen Kajalstrichen im Unterlid als Mädchen identifizieren.

Diesen loggeren Nogger-Poster gibt's 500x für die Wand gegen Einsendung dieses coolen Coupons. Wobei zuviel Coolness diesmal schadet: es gewinnen nämlich nur die ersten Fünfhundert. Also dann: nichts wie ran!
Coupon einfach auf eine Postkarte kleben und einsenden an Eskimo, 2301 Großenzersdorf, Marchfelder Straße, Kennwort „Nogger".
Bitte Absender nicht vergessen!

ACCESSOIRES IN
SCHWARZ & WEISS

Ein Brillenduo, bei dem die attraktiven Farben die Hauptrolle spielen. Courrèges. Die geheimnisvolle Lady zeigt sich streng Black & White.

Auch ein klassischer Schuh verzichtet nicht auf modischen Witz. Sehr hübsch: kontrastfarbene Kappe mit kleinem Lochmuster. Louis Féraud.

Zum sommerlichen Dekolleté passen Colliers besonders gut. Hier zwei Modelle, eines lang, eines halsnah, aus hellem und dunklem Perlmutt. Appelt.

Ohrschmuck muß einfach sein – bei dem großen Angebot ist die Auswahl leicht. Große, schlicht grafische Formen wirken in den Kontrastfarben Schwarz-Weiß besonders gut. Harer, Appelt.

Schleifen sind das beliebte Accessoire mit jungmädchenhaftem Charme. In dieser Saison trägt man sie überall, sei es am Ausschnitt, im Haar oder ums Handgelenk. Fix und fertig gebunden von Andrée.

Solche kleinen witzigen Handtäschchen sind jetzt in Paris das Neueste. Süß die Mini-Box, die mit Flattertuch Schwung kriegt. Bagagerie.

Überknie-Stiefel, Stiefel mit künstlichen Quetschfalten, Stiefel mit Goldkettchen und -spangen um den Knöchel, Westernstiefel, wadenhohe Stiefel in Bronze-metallic zu Bauernkitteln und weißen Rüschen-Unterröcken … auf jeden Fall mußten die Stiefel der 80er einen vollkommen geraden Schaft haben und die geschwungene Form des Beines verbergen.

Jedes Jahr neue Espandrillos kaufen, dann wurden sie naß und stanken. Also neue kaufen! Kosten ja eh fast nichts …
Und dann treten wir der EU bei und die Kultschuhe werden nicht mehr importiert. :-)

Schleier und Federn schmeicheln

Ein Hauch aus Tüll und Federn... Winzige Kopfbedeckungen sind ein neues Attribut für die elegante Frau, die den Mut zum Besonderen hat

Pillbox im Jugendstil: aus schwarzem Seidensamt, mit Kornreiherfedern und Schleier. Zum eleganten Kostüm im Mozart-Look.

Ein Papstkäppchen aus Goldlurex, mit duftiger Seidenrose und Tupfenschleier geschmückt.

In jedem Fall auffallend: schwarzer Samtbibi mit Roßhaarbordüren und Paillettengarnitur.

Ein Schleifentuff aus Tüll, durch Lackstreifen in Form gehalten, mit Kämmchen festgesteckt.

Ein modischer Gruß aus den „goldenen Zwanzigern": Stirnband im Charleston-Look aus Satin mit seitlicher Schleife und Rundum-Schleier.

Die große Taftschleife ist auf einem Haarreif befestigt, der am Hinterkopf festgesteckt wird.

Satinhütchen mit Tupfenschleier. Die Reiherfedern werden von einer Simili-Agraffe gehalten.

November 1985 burda moden 105

uiii ... diese romantischen Schleier vor dem Gesicht. Hat das tatsächlich jemand getragen?

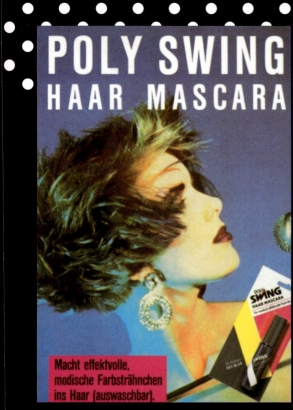

„Wenn Ihnen ein Mann, den Sie noch nie gesehen haben, plötzlich Blumen schenkt, dann ist das …"
Auch wenn's gar nicht immer Impulse war. Der Spruch blieb jedenfalls hängen.

Steifgesprühte Blondies mit schwarzumrandeten Augen und Ohrringen am Hängekettchen bekommen heute 10 Punkte auf der Tussi-Skala ;-)
Extrapunkte gibt es für neonrosa Nagellack auf zentimeterlangen Nägeln, gestanzte weiße Ibiza-Stiefel, apricotfarbene Schlauch-Miniröcke zu billigen schwarzen Strumpfhosen, Fußkettchen und Solariumbräune.

GB 103/1983

12 Flags/1984

Techno-Sphere 1985

Ende der 70er Jahre lag die einst große Uhrenindustrie der Schweiz in den letzten Zügen. Doch dann entschlossen sich die Schweizer Hersteller in einem letzten Rettungsversuch, zusammenzuarbeiten. Das Ergebnis: die Plastikuhr Swatch. Der Anteil der Schweizer Produzenten am Weltmarkt stieg von 15 auf über 50 Prozent. Eine der 75 besten Management-Entscheidungen aller Zeiten!

Die wahren Swatch-Fans haben ihre Uhren nicht getragen, ja nicht einmal ausgepackt. Sonst hätten sie auch an Wert verloren. Besonders skurril war die Diskussion, ob originalverpackte Uhren, deren Batterien nach ein paar Jahren leer waren, weniger wert wären als noch tickende.

Aus der Art-Collection: modèle avec personnages von Keith Haring/1986

Coloured Love/1988

Einige Swatch-Modelle gab es auch als Wanduhr. Die peinlichen Imitate folgten sogleich...

Selbst Nobelhersteller wie Tissot versuchten, sich an den Swatch-Megaerfolg anzuhängen. Von Rock-Stars wurde die Rock-Watch garantiert nie getragen :-)

Fünf, sechs Swatch pro Jahr waren schon drin. Allerdings reserviert und vorbestellt und nicht zu Phantasiepreisen im nachhinein gekauft. Kleine Vorübung für den Aktienhandel :-)

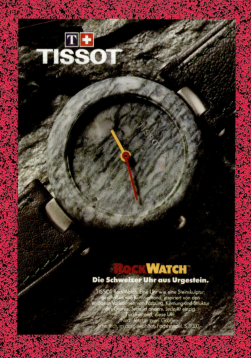

Die gediegene Eleganz von Topline-Geräten mit bronzefarbenen Rahmen und Abdeckungen ist bestechend.

Das mattglänzende Metall mit der Rauchglas-Lichtleiste paßt hervorragend zu Holz, Stein, dunklem Glas und Metall.

Die zweifarbige Variante mit ledergenarbten Wippen und bronzefarbenen Rahmen gehört zu den beliebtesten Kombinationen.

Meine Onkel, die ein paar Jahre älter als ich und in den 80ern richtige „Halbstarke" waren, strapazierten häufig das Adjektiv „braun" für alles, was irgendwie übel war. „Deine Mode ist aber sehr braun" war also ebensowenig ein Kompliment für die neue Hose wie das Urteil „Des is' a brauner Agent" als Urteil über den Boyfriend … Wenn ich dieses Lichtschalterdesign wiedersehe, wird mir klar, wie „braun" ein Schimpfwort wurde ;-)

Pastellfarbene Palmen, Cocktailgläser und Co. zierten selbst die banalsten Gebrauchsgegenstände …

112 DESIGN

Schultaschen waren ab der zweiten Klasse kein Thema mehr. Man trug diese schicken Fiorucci-Plastiknetze, Weidenkörbe mit Trachtenstoff-Futter, Plastik-Tragtaschen von Nobelboutiquen oder wie die Jungs – Aktenkoffer.

Bunt durchmischte Bauzitate und bewußt widersinnig eingesetzte Grundelemente, Säulen, die auf dem Kopf stehen und unproportionierte Ornamente: Italienische Architekten um Ettore Sottsass (geboren in Innsbruck!) übertrugen die Prinzipien der Postmoderne auf Möbel. Für die erste Memphis-Kollektion 1981 entwarfen sie fröhliche Möbel abseits jeglicher 70er Ästhetik.

Leisten hätte ich mir die Teile nie können, aber in den Zeitschriften gefielen mir die Memphis-Fotos immer sehr gut.

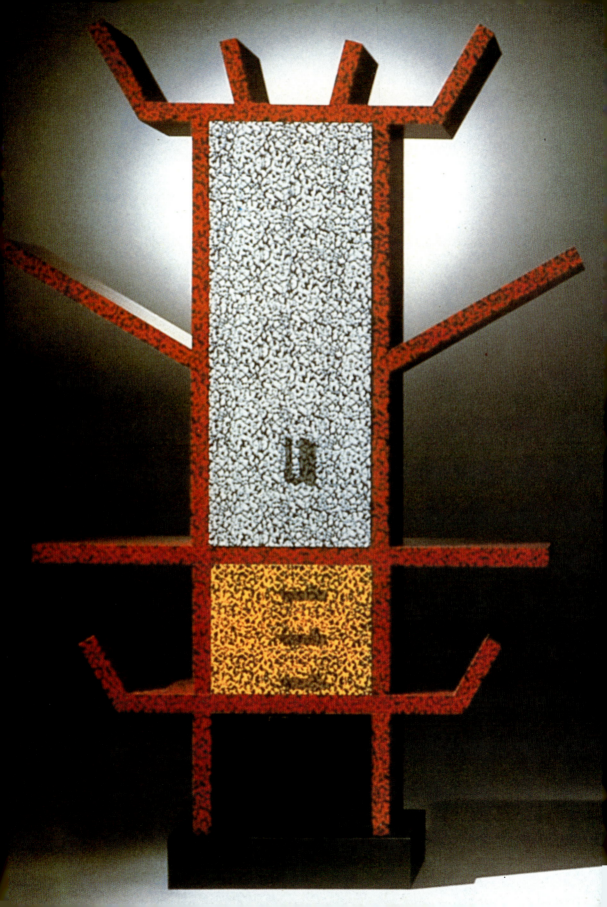

Wenn Architekten Lampen entwerfen: „Gibigiana" von Achille Castiglione für Flos, 1980

Japanische Schlichtheit eroberte die Möbelhäuser, den Regalen folgten dann die Futons: *ächz&stöhn*

Philippe Starck war der Popstar unter der Designern. Ein Hansdampf in allen Gassen (er entwarf auch Zahnbürsten), stets ein wenig verrückt und immer am Puls der Zeit. Zugegeben, seine dreibeinige Zitronenpresse war nicht so wirklich funktionell, aber sein Stuhl Costes (für das Pariser Café Costes entworfen) ist für mich ein prototypisches Stück 80er Jahre. So wie der Wasserkessel mit dem Vögelchen von Michael Graves für Alessi. Wie überhaupt Alessi die heimische Tischkultur revolutionierte: Edelstahl statt Porzellan, bella Italia statt Augarten.

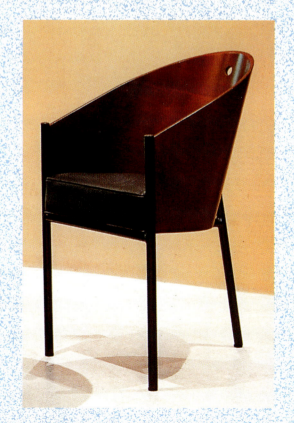

Der B&O-Fernseher war der erste, den man auf den Boden stellen konnte, was meine Besucher dermaßen verwirrte, daß sie das gute Stück nicht sofort als Fernseher identifizierten. Wird heute noch genauso erzeugt, kostete damals gleich viel wie heute (also ein Schweinegeld) und sieht immer noch cool aus. Zeitgeistige Telefone gab es auch von B&O.

Den Luxus eines Designertelefons konnte man sich aber nur mit einem „ganzen Anschluß" leisten. Vierteltelefonbesitzer hatten diesbez. ausgschissn ...

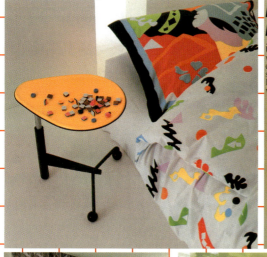

DER SCHÖNSTE PLATZ...

... ist immer an der Theke. Und damit sie nicht soviel Platz wegnimmt, haben wir eine entworfen, die sich mit ein paar Handgriffen verstauen läßt

ROYAL EXCLUSIVE BADEINRICHTUNG

SPIEGELSCHRÄNKE AUS ALUMINIUM IN DEN AKTUELLEN SANITÄRFARBEN

Mittelpunkt dieses neuen Badprogramms ist die Lichtkegel-Leuchte aus opalisiertem Kristallglas, die auch als Einzelwandleuchte erhältlich ist. Fordern Sie kostenlos unseren Farbprospekt mit Händlernachweis an und wählen Sie aus über 200 Produkten Spiegelschränken, Lichtspiegeln, Anbauteilen, Leuchten und Accessoires.

METALLWARENFABRIK TWICK & LEHRKE KG · Postfach 3152 · 4830 Gütersloh

Nach den schrillen Seventies erholte sich das Auge in schwarzen und weißen Flächen, akzentuiert mit Rot oder Neonfarbe. Die Pastellfraktion kam auch auf ihre Rechnung – mit grafittiartig gemusterten Teppichen, Vorhängen und Sofabezügen. Die Linie: kantig, geometrisch, nüchtern.

Das Ligne Roset-Sofa hätt ich ultragern in meinem Kinderzimmer gehabt. War aber zu teuer ...

Riesen-Poster mit klassischen Hollywood-Motiven, James Dean, Marilyn, der „Boulevard of Broken Dreams" waren cool und kultig.

IKEA boomte. Ich kenne niemanden, der nicht mindestens ein Stück IVAR in der Wohnung hatte ... Nur schade, daß es den typischen Elch heute nicht mehr als Werbesujet gibt. Eigentlich ist der doch untrennbar mit dem Namen IKEA verbunden – wie das Duzen der Kunden ... :o)

1984 bestellte ich mir bei einer englischen Architekturzeitschrift ein T-Shirt mit der Aufschrift THINK POST MODERN. Ich konnte es ungefähr drei Monate tragen, ohne mich dafür genieren zu müssen. Die Postmoderne in ihrer Bullaugenvariante kam bald als verschmockt und spießig in Verruf. Gebaut wurde von namhaften Architekten hierzulande in den 80ern ohnehin wenig, sieht man von Lokalgestaltungen (Roter Engel, Kiang, Salzamt) einmal ab.
Internationale Anerkennung fand der Dachausbau einer Anwaltskanzlei in der Wiener Falkestraße durch Coop Himmelblau. Ein verkehrter Blitz auf einem Dach: Nicht schlecht für 1984 (1989 fertiggestellt), auch wenn man von der Straße aus die ganze Pracht nicht erkennen kann. Aus den Umbauplänen der Coops für das Ronacher wurde trotzdem nichts. Schade.

Ich kenne jemanden, der im Hundertwasser-Haus wohnt. Das ist ziemlich nervig, weil dauernd Touristen an der Tür läuten. :-)

Jetzt darf man eh nimmer rein. Aber am Tag der Eröffnung gab es eine allgemeine Besichtigung. Ich habe mich damals gefragt, wo man wohl einen Kasten für derart windschiefe Böden herbekommt. Aber Hauptsache „die gerade Linie ist gottlos" … *evil grin*

Ach, ja, das Bundesamtsgebäude – mit dreieckigen Mustern in Gelb, Blau und Grün … Abgesehen von dem, der TU am Karlsplatz – mit Eule! – und ein paar Billa-Filialen ist die Postmoderne an Österreich ja glücklicherweise ohne bleibende Schäden vorbeigezogen ;-)

Mir kam das Haas-Haus schon bei seiner Errichtung als überkommenes modisches Statement vor, allerdings konnte man nicht offen gegen Hans Hollein auftreten, liefen die Konservativen doch Sturm gegen dieses Projekt am ach so sensiblen Stephansplatz. Ein nicht so ganz gelungener Hollein war immer noch besser als gar kein Hollein. Was die Stadt damals unter moderner Architektur verstand, kann man ja immer noch am Bundesamtsgebäude hinter der Urania beweinen.

Das Donauzentrum, bald darauf das „doppelte, doppelte DZ"! – nach der SCS der nächste Schritt hin zu modernen Einkaufsmekkas. Und zur Verödung der städtischen Einkaufsstraße …

ZEITGESCHEHEN

Das Reich des Bösen, Reaganomics, Perestroika, Glasnost und Thatcherismus. Die Politiker der 80er hatten Visionen. Nicht immer erfolgreiche im Sinne des Erfinders.

„Birne" Kohl, „Eiserne Lady" Thatcher und „Star Wars" Reagan waren jedenfalls als „Spitting Image"-Puppen – oder auch als Hundekauknochen! – hübscher als in der Realität ;-)

Studentische Zivilcourage eroberte China und wurde mit einem Blutbad brutal niedergeschlagen: Tienanmen am 4. 6. 1989, der „Platz des Himmlischen Friedens".

Afghanistan und die Falklands: Imperialistische Kriege der 80er. Und einen Golfkrieg gab es auch: acht Jahre lang bekämpften sich der Iran und der Irak.

Erntehelfer in Nicaragua, das war schon etwas. Ganz ohne krummen Rücken ließ sich das Gewissen auch durch den Kauf von fair gehandeltem Kaffee beruhigen.

„Wir sind das Volk": Erst die Welle der Botschaftsflüchtlinge, dann der Mauerfall. Eigentlich gingen die achtziger Jahre mit dem 9. November 1989 zu Ende. Alois Mock kam dadurch auch noch zu historischen Ehren. Als Außenminister durfte er Grenzsperren zu Ungarn durchschneiden.

Als 1980 die polnischen Arbeiter erfolgreich für eigene Gewerkschaften streikten und den Parteichef zum Rücktritt zwangen, war der Name Walesa dauernd in den Nachrichten zu hören. Ein Arbeiter als Arbeiterführer, das war noch was. Und die Angst, daß die Sowjets eingreifen könnten, war auch noch präsent. Wie Walesas Name korrekt ausgesrochen wird, haben die Journalisten erst Jahre später überrissen: Wawensa.

Challenger – eine Nation im Schock. Und die ganze Welt erkannte wieder einmal die Risiken des glorreichen technischen Fortschritts.

Ich kann mich erinnern, da war, erstmals als Zivilistin, eine Lehrerin an Bord *schnüff*

Ein Traumschiff unter Terrorflagge. 1985 erschütterte uns das Schicksal der entführten Achille Lauro.

Und doch nicht schon wieder ein neuer Papst. Das Attentat blieb folgenlos, der Papst aus Polen zeigte sich weiterhin erdeküssend der Öffentlichkeit, dann aber im Papamobil (made in Austria), und das selbst am Heldenplatz.

Als noch nicht jedermann mit dem Photoshop Geschichte manipulieren konnte: Konrad Kujau fälschte Hitlers Tagebücher, der Stern fiel 1983 darauf herein und blamierte sich unendlich. Daraufhin sank die Auflage merklich.

Das Geiseldrama von Gladbeck live im Fernsehen, der erste Vorgeschmack auf Reality-TV.

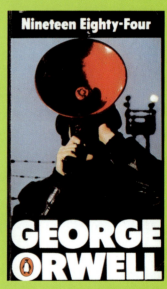

„Big Brother is watching you". Und wir alle watchten lesend mit. 1984 war für einige Jahrgänge Englisch-Pflichtlektüre. Dabei wäre 1999 als Titel viel passender gewesen ;-)

Jö schau, die Prinzessin heiratet! Zwanzig Quadratmeter Seidentaft und ein halber Kilometer Schleier sind schon etwas Faszinierendes, oder?

Ein paar Jahre später war das glückliche Traumpaar in Wien zu Besuch. In der jubelnden Menge vor der Albertina bin ich als Teenie auch gestanden – und ich schwör's, der Charles hat mir zugezwinkert ;o)

Die Klatsch- und Tratschberichte freuten sich tagelang über Dagmar Kollers und Helmut Zilks Partnertausch-Statements ... :o)))

Klar waren wir eine konsumorientierte Jugend. Aber wir hatten auch volles Engagement für die Ökologiebewegung! Keine Schülerzeitung ohne Protest gegen Quecksilber im Grundwasser, Waldsterben, Ozonloch, Bleibenzin, sauren Regen und unverrottbares Plastik. Ich kann mich noch gut an einen Artikel gegen den bösen McDonald's mit dem Titel „Plastic food for plastic people" erinnern.

Das Plastik wurde dann irgendwann für „absolut grundwasserneutral verrottend" erklärt, und seither haben die Jutesackerln ausgedient.

Wo warst Du, als Tschernobyl passierte? Darauf weiß aus unserer Generation jeder eine Antwort.

Die meisten meiner Bekannten waren wohl am Ring, denn es war erster Mai – und das war damals noch etwas!
Es gab sogar Gerüchte, die SPÖ hätte die Bekanntgabe der Tschernobyl-News absichtlich hinausgezögert, um den Aufmarsch nicht zu gefährden …

Miso, das japanische „Wundermittel" gegen radioaktive Verstrahlung, war plötzlich in allen Bioläden ausverkauft. Und Milchpulver auch – denn Frischmilch wurde über Nacht indiskutabel. Wer zu Besuch kam, mußte die Straßenschuhe zur Sicherheit vor der Wohnungstür lassen.
Strahlenschutz – made in Austria!

Und manche Schwammerln sind heute noch verstrahlt … :-(

Ich erinnere mich noch genau an den allerersten Bericht über AIDS in den Nachrichten. Ich war furchtbar schockiert und habe tagelang Menschen auf Pflaster abgesucht, bevor ich ihnen die Hand gab. Eine regelrechte Blutpanik habe ich mir da aufgerissen.

Die Palmers-Dessousplakate im Tryptichon-Arrangement sind Klassiker geworden. Bodies waren damals eher noch „Teddies", also nicht eng anliegend und mit leichtem Gummizug in der Taille. Aber allein die Druckknöpfe im Schritt riefen schon genug Neugier hervor ;-)

Trau-dich-doch: der Draculazahn für Feministinnen. Sie sprühten zurück und halfen Palmers bei der Öffentlichkeitsarbeit ;-)

Nackte Brüste eroberten die Werbung. Sexismus durfte noch ungeniert praktiziert werden. Ich sage nur: Mit der Frische von Limonen!

DONAUINSEL-FEST
19.–21. MAI 1989

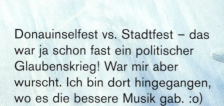

Donauinselfest vs. Stadtfest – das war ja schon fast ein politischer Glaubenskrieg! War mir aber wurscht. Ich bin dort hingegangen, wo es die bessere Musik gab. :o)

Nackte Brüste sogar im italienischen Parlament! Pornostar Cicciolina als Abgeordnete des Partito Radicale – das hatte schon was!!!

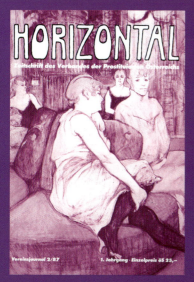

Prostituierte mußten plötzlich Gewerbesteuer zahlen, was zu zahlreichen Witzchen über „Ausbildungsplätze" und „Lehrlingen" führte … :-) Gleichzeitig wurde das „Sex-Business" selbstbewußter: Horizontal – eine Zeitschrift von und für Prostituierte, ÖKM, Swinger-Clubs, Ex-Pornostars als Konzernchefinnen. Sex wurde Ware – aber zugleich auch weniger schmuddelig.

139 ZEITGESCHEHEN

Ui, die Helmpflicht! Die war für die Vespa-Fahrerinnen in unserer Klasse natürlich ganz und gar uncool. Die ganze hochgesprühte Dauerwellen-Löwenmähnen-Pracht war damit wieder beim Teufel …

Anfang der 80er fuhr anstelle der U4 noch die alte Stadtbahn. Grindig und Linksverkehr!
Dafür echt Holz! :-)

Die durch den U-Bahn-Bau heruntergekommene Mariahilfer Straße mutierte (samt Seitengassen) zu einem Vorort von Budapest. „Magyarul beszélünk" stand in jeder zweiten Auslage. Busladungsweise fielen die Technik-ausgehungerten Ungarn in Wien 6 ein, um sich mit Unterhaltungselektronik einzudecken.

Die ungarischen Billigshops schossen aus dem Boden. Ich fand vor allem die „Opst, Gemiise, Video"-Läden zum Brüllen. :o)

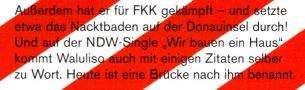

Vom Aktivisten zur Touristenattraktion: Der Vickerl, ein pensionierter Beamter als „Wald-Luft-Licht-Sonne" Proponent.

Außerdem hat er für FKK gekämpft – und setzte etwa das Nacktbaden auf der Donauinsel durch! Und auf der NDW-Single „Wir bauen ein Haus" kommt Waluliso auch mit einigen Zitaten selber zu Wort. Heute ist eine Brücke nach ihm benannt.

Der Konflikt um Kugelmugel! Erst drohte dem Erfinder Lipburger das Gefängnis, dann durfte er mit der Hilfe von Helmut Zilk seine Republik im Wiener Prater errichten. Komplett mit Postzustellung (einmal pro Jahr per Fahrrad), eigenen Pässen und Botschaft in der Wiener Singerstraße! ;-)

Udo Proksch und die gesunkene Lucona, die Mörderschwestern von Lainz, die ihre betagten Patienten der Reihe nach mit letalen Rohypnol-Gaben „ruhigstellten", die Drakenstationierung und die Leihmutterschaft – Diskussionen und Aufreger, die die 80er prägten …

Der Fall „Lucona"
Aus dem Protokoll des Untersuchungsausschusses

DOKUMENTE

Gr.-Insp. Werner Mayer, LdGKdo Salzburg, 9. Jänner 1989

Ludwig Steiner (ÖVP): Herr Zeuge, welche Position hatten Sie ab Juli 1983 in Salzburg?
Mayer: Ich war damals und bin heute noch Gruppenkommandant der Dienstgruppe Fahndung.
Steiner: Wie kam es dann zur Anzeigeerstattung durch den Herrn Guggenbichler?
Mayer: Ich kenne als Guggenbichler schon aus früheren Begegnungen, und irgendwann im Februar – bitte, die Daten weiß ich im einzelnen nicht mehr so genau, weil ja fünf Jahre verstrichen sind –, im Februar 1983 haben wir uns sporadisch getroffen, und da hat er mir erzählt, er würde wahrscheinlich den Auftrag kriegen, in der Sache Schiffsuntergang „Lucona" zu ermitteln. Das war der erste Hinweis auf seine Tätigkeit in dieser Sache.
Steiner: Ja, wie kam es aber dann zur Anzeigeerstattung?
Mayer: Guggenbichler hat in der Zwischenzeit schon ermittelt und ist dann am 1. Juli 1983 zu mir auf die Dienststelle gekommen und hat ganz offiziell Anzeige erstattet. Diese Anzeige ist niederschriftlich festgehalten worden. Bei dieser niederschriftlichen Einvernahme, die in drei Etappen geführt wurde – 1. auf 2., 2. auf 3. – war der Kollege Gratzer der Sicherheitsdirektion bereits anwesend.
Steiner: Ja. Würden Sie das nochmals sagen: Haben Sie Ihre Vorgesetzten sofort nach Einlangen der Anzeige in Kenntnis gesetzt?
Mayer: Ich habe meinen unmittelbaren Vorgesetzten, und das war damals Oberstleutnant Dürarger, nach Rücklangen der Unterlagen aus dem Ministerium vom Sachverhalt in Kenntnis gesetzt, Oberstleutnant Dürarger hat ja auch die anfallenden Stunden sanktionieren müssen. Noch vor Beginn der Einvernahme wurde der Vorgesetzte vom Sachverhalt in Kenntnis gesetzt.
Steiner: Und wie war die Reaktion Ihres Vorgesetzten?
Mayer: An sich ganz normal, wie es üblich ist, daß er gesagt hat, ja es sind da Erhebungen zu führen.
Steiner: Herr Zeuge, Sie haben am 9.

DER STANDARD

ÖSTERREICHS UNABHÄNGIGE TAGESZEITUNG FÜR WIRTSCHAFT, POLITIK UND KULTUR

Adresse: 1010 Wien, Am Gestade 1
Tel 0 22 25/53 170
Telex 115 667 BRON
Fax (0222) 53170-131

DM 2,50 / sfr 2,10
Lit 2000 / hfr 60
Din 300 / Din 4800

Nr. 1 MITTWOCH, 19. OKTOBER 1988 HERAUSGEGEBEN VON OSCAR BRONNER S 10,— P.b.b. Verlagspostamt 1010 Wien

Wahlrecht für Österreicher im Ausland

Wien (chris) – SPÖ und ÖVP sind übereingekommen, Österreichern, die beruflich im Ausland tätig sein müssen, die Ausübung des Wahlrechts zu ermöglichen. Eine derartige Änderung des Wahlrechts beträfe etwa 4.000 bis 5.000 Österreicher. In erster Linie sind davon die österreichischen UNO-Soldaten, Diplomaten und Arbeitnehmer betroffen, die im Auftrag österreichischer Unternehmer im Ausland arbeiten.

Ein Wahlrecht für Österreicher, die von sich aus ins Ausland übersiedelt sind, ist in der geplanten Wahlrechtsnovelle nicht vorgesehen.

Die große Wahlrechtsreform wird voraussichtlich verschoben.
Seite 5

HEUTE

EG-Parlament: Keine Ausnahme für Österreich

STANDARD-Interview mit Präsident Henry Lord Plumb

Straßburg (poss) – Ein Beitrittsantrag der Wiener Regierung habe nur dann eine Chance, wenn diese „ohne Ausnahmen" sämtliche Satzungen der Europäischen Gemeinschaft akzeptiere. Dies erklärte der Präsident des EG-Parlaments, der Brite Henry Lord Plumb, in einem Interview mit dem STANDARD.

„Ich sage nicht, daß Österreich notwendigerweise auf seine Neutralität verzichten müßte. Aber es müßte zur Kenntnis nehmen, daß auf längere Sicht alle Länder in der EG ein gewisses Ausmaß an Identität aufgeben werden, damit wir eine politische Union Europas eingehen können." Diese werde auch militärische Aspekte der Sicherheitspolitik einschließen.

Derzeit sieht der Parlamentspräsident das Hauptproblem bei der wirtschaftlichen Integration: Es sei schon schwierig genug, innerhalb der Zwölf die außertariflichen Barrieren niederzureißen.

Lord Plumb betonte, daß eine Vollmitgliedschaft Österreichs unter den genannten Bedingungen auch im Interesse der EG läge, da es ein natürliches Bindeglied zum Comecon und dem blockfreien Jugoslawien darstellen würde. Zum Brückenschlag nach Osteuropa werde die Alpenrepublik allerdings nicht benötigt.

Der Präsident des 518 Abgeordnete zählenden Parlaments der Zwölfergemeinschaft sprach sich ferner ausdrücklich für eine Unterstützung der Reformbestrebungen des sowjetischen Staats- und Partei...

Belgrad: Offener Streit in Nationalitätenfrage

Slowenen-Parteichef bietet Referendum an

Belgrad (APA, red) – Auf dem ZK-Plenum der jugoslawischen Kommunisten in Belgrad ist es am Dienstag zum offenen Streit in der Nationalitätenfrage gekommen. Das Bundesparteipräsidium wies serbische Angriffe auf Parteichef Stipe Suvar, einen Kroaten, zurück. Der slowenische Parteichef Milan Kucan bot an, die Popularität seiner eigenen, als liberal geltenden Führung einem Referendum in Slowenien zu unterwerfen. Kucan und die kroatische Parteispitze warfen dem serbischen Parteichef Slobodan Milosevic großserbischen Nationalismus vor.

Milosevic forderte seinerseits neuerlich mehr Kontrolle Serbiens über die beiden zu dieser Teilrepublik gehörenden autonomen Provinzen Kosovo und Vojvodina.

reichischen „Wochenpresse". Milosevic bezeichnete das Interview als Fälschung. Die Zeitschrift gab dazu später an, sie habe das Interview von einer Agentur gekauft.

Von den 23 Mitgliedern des Parteipräsidiums wollten sich am Dienstag 18 der Vertrauensabstimmung stellen. Fünf sind bereits zurückgetreten, nämlich die Ex-Parteichefs Bosko Krunic (Vojvodina) und Milanko Renovica (Bosnien-Herzegowina), der Slowene Franc Setinc, Kol Siroka (Kosovo) und Stane Dolanc, Mitglied des Staatspräsidiums als Vertreter Sloweniens und amtierender Vizepräsident Jugoslawiens.
Seiten 2 und 31

WIRTSCHAFT

18. Oktober 1988: Mit dem „Standard" wurde Österreichs Presselandschaft nicht nur bunter (lachsrosa!), sondern auch deutlich qualitätsvoller: „Österreich hat einen neuen Standard!"

Merke: *ein Bronner ist immer in Österreich!*
;-)))

Nun Großrazzia nach „explosiven" Weinen

Pantscher schütteten Sprengstoff in Wein

Neuer Skandal in Österreich — Sprengstoff im Wein

Der Weinskandal (Frostschutzmittel-Zusatz) schlug internationale Wellen und schädigte Österreichs Exportbilanz auf Jahre hinaus. Mein kleiner Bruder brachte das Wort nicht heraus: „Frosch-Putz-Mittel" sagte er immer. Und das war ja auch ein Produkt der 80er: „grüne" Putzmittel, biologisch abbaubar und mit weniger Tensiden.

145 ZEITGESCHEHEN

Der 19jährige deutsche Pilot Matthias Rust blamiert 1987 die Kreml-Führung, er landet unbehelligt von der sowjetischen Luftabwehr auf dem Roten Platz in Moskau.

Das hat mir schon ordentlich imponiert, daß ein Gleichaltriger die Sowjets düpiert. Selbst James Bond hätte an der Aktion seine Freude gehabt.

Stell Dir vor, es sind Olympische Spiele und keiner macht mit. In Moskau 1980 fehlten 30 Nationen aus politischen Gründen (Afghanistan). Die Sommerspiele 1984 in Los Angeles boykottierte dafür der Ostblock.

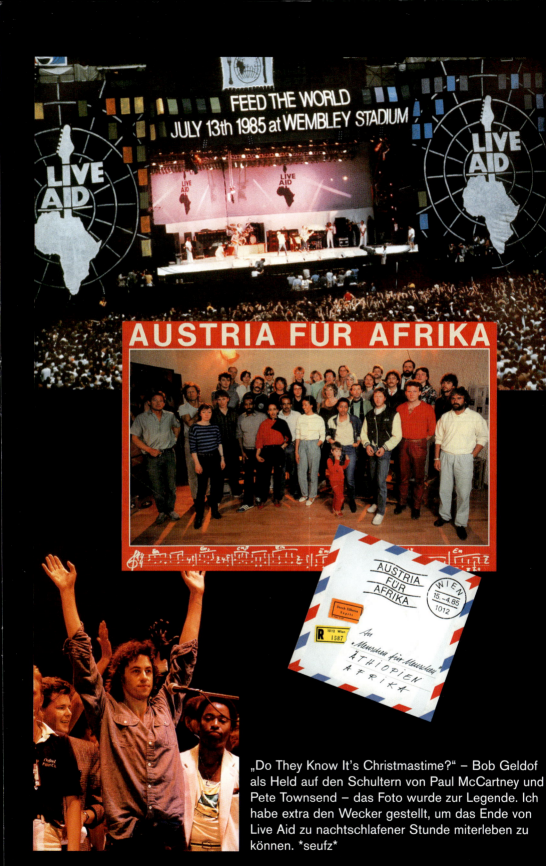

„Do They Know It's Christmastime?" – Bob Geldof als Held auf den Schultern von Paul McCartney und Pete Townsend – das Foto wurde zur Legende. Ich habe extra den Wecker gestellt, um das Ende von Live Aid zu nachtschlafener Stunde miterleben zu können. *seufz*

Stell Dir vor es ist Krieg und keiner geht hin.

Friedens-Schuhbänder, Friedenstauben aus Papier oder Ton an Wollschnürln um den Hals getragen, Palästinensertücher um den Kopf – modische Ausstattung für die jährlichen großen Friedensmärsche (legitime Nachfolger der „Ostermärsche").

hainburg
ein basisbuch

276.485
anschläge gegen den stau

Verlag für Gesellschaftskritik

„Wochenend und Sonnenschein– und dann mit dir in der Au allein" – die Schmetterlinge lieferten den Soundtrack zur Hainburg-Besetzung. Wer etwas auf sich gehalten hat, hat sowieso Schule ‚gestangelt', um in der Au zu zelten.

In meiner Klasse wurde das Szenario dann immer nachgespielt. Die braven „Umweltschützer" klammerten sich, „Schützt die Au"-schreiend an Tischbeine und wurden von den „Polizisten" weggeprügelt.
Tja, das waren noch Zehn-Uhr-Pausen ... ;o))

Es gibt EINE

ALTERNATIVE

Die ALTERNATIVE LISTE ÖSTERREICH (ALÖ

Mit 72 wollte Kreisky es noch einmal wissen. Verstaatlichten-Krise und die Ankündigung einer „Zinsertragsteuer" führten zum Verlust der absoluten Mehrheit – und zu Kreiskys Rücktritt. Kreiskys Kanzlervorschlag Fred Sinowatz wurde unwidersprochen zur Kenntnis genommen. Die Idee zur kleinen Koalition mit der FPÖ unter Norbert Steger steuerte Kreisky selbst bei. Schließlich forderte Mock den sofortigen Baustopp für Kreiskys heißgeliebtes Konferenzzentrum.

… und unter Sinowatz wurde plötzlich alles „sehr kompliziert" :o)
Lang hat sich der Mann aus dem Burgenland nicht gehalten …

**Neue Wege geht er. Und mit allen reden kann er. Keine leeren Versprechungen. Voll Verantwortung für Österreich handeln.
<u>Vranitzky</u>. Er soll Kanzler bleiben.**

Liste 1, SPÖ

„Je schlechter die Lage, desto schöner die Finanzminister" – das mußte sich auch „Vranz" lange anhören! Und dann war der Nadelstreifsozialist plötzlich Bundeskanzler.

Kreisky war tot – und aus der „sozialistischen" Partei wurde eine „sozialdemokratische" … Das Ende einer Ära.

Von mir gibt es noch ein Polaroid mit der Bildunterschrift „Der Tag, an dem Kreisky starb". Habe ich damals schon als Zäsur erlebt.

Herr Dr. Waldheim,
Sie sind mehrfach der Unwahrheit überführt.
Wer die Unwahrheit spricht, ist als Bundespräsident der Republik Österreich untragbar.
Wir fordern Sie auf: Treten Sie zurück.

Franz **Aigelsreiter** sen., Betriebsratsvorstand ● Andrea **Amon**, Bilanzbuchhalterin ● Michael **Amon**, Autor ● Evelyn **Andunka**, Studentin ● Petra **Bacher**, Designerin ● Sabine **Bandion**, Sozialarbeiterin ● Johannes **Bartsch**, Rockmusiker ● Andreas **Bauer**, Journalist ● Marie **Bibikov-Haas**, Erzieherin ● Christine, Andreas u. Martin **Bichlbauer**, Dr. Dieter **Bichlbauer**, Sozialwissenschaftler ● Judith **Brantner**, Übersetzerin ● Walter **Brandstetter**, Student ● Dr. Peter **Cardona**, Rechtsanwalt ● Dr. Heidemarie **Coreth**, Tierärztin ● Mag. Walter **Csuvala**, Personaltrainer ● Ilse **Czvitkovics**, VB ● Dr. Thomas **David**, Tierarzt ● Ernst **Decsey** ● Manfred **Deiser**, Pädagoge ● Angelika **Dobernigg**, Angestellte ● Barbara **Dobernigg**, Studentin ● Helga **Dobernigg**, Hausfrau ● Christian **Dobler**, Student d. Psychologie ● Univ.-Prof. Dr. Alfred **Ebenauer** ● Mag. Eva **Egger**, Angestellte ● Dr. Dieter **Eisinger** ● Dr. Gernot **Eisinger** ● Dr. Robert **Eiter**, SJ-Stadtvorsitzender ● Lida **Englander**, Schauspielerin ● Med.-Rat Dr. Harry **Ertl**, Arzt ● Univ.-Ass. Dr. Franz M. **Eybl**, Martin **Eßlinger**, Student ● Cornelia **Facchini**, Drogistin ● Dr. Hans **Feichtinger**, Univ.-Ass. ● Ewald **Fichtinger**, Student ● Claudia **Fiernstahl**, Schülerin ● DDr. Inga **Findl**, Ärztin ● Dr. Peter **Findl**, Sozialwissenschaftler ● Oliver **Findl**, Student ● Karin **Fischer**, ÖH-Jus ● Mag. Peter **Fleischmann**, Architekt ● Maria **Fleischmann**, Hausfrau ● Univ.-Ass. Dr. Konstanze **Fliedl** ● Dr. Michael **Freund**, Werbetexter ● Barbara **Friedrich**, Tänzerin ● Georg **Friesenbichler**, Journalist ● Mag. Ulrike **Fröhlich**, BHS-Lehrer ● Univ.-Dozent Dr. Josef **Fröhlich**, Physiker ● Hanna **Fuchs**, Angestellte ● Gerhard **Gaal**, Graphiker ● Petra **Gaisbauer**, Lehrerin ● Richard **Gaisbauer**, Student d. Mathematik ● Dr. Brigitte **Garger**, Psychologin ● Erich **Gattinger**, Sozialarbeiter ● Dr. Manfred **Gaulhofer**, Wirtschaftswissenschaftler ● Mag. Elisabeth **Gaulhofer**, AHS-Lehrerin ● Dr. Walter **Gehr**, Bankangestellter ● Anna **Georgiades**, Regieassistentin ● Elisabeth **Georgiades**, Hausfrau ● Mag. Franz **Gillesberger**, AHS-Lehrer ● Krzysztof **Glass**, Homo sapiens ● Rosi **Grieder**, Graphikerin ● Evelyn **Grill-Storck**, Schriftstellerin ● Walter **Grond**, Schriftsteller ● Artur **Gstrein**, Student ● Dr. Erich **Gumplmaier**, ÖGB-Sekretär ● Dr. Wolfgang **Hackl**, Germanist ● Sigrid **Hagenhofer**, Studentin ● Claudia **Hager**, Studentin d. Psychologie ● Dr. Christian **Harant**, Designer ● Matthias **Hatvan**, Tierarzt ● Andrea **Hauer**, Staatsbürgerin ● Edith **Hauer**, Widerstandskämpferin ● Otto **Heck** ● Wolfgang **Heidrich**, Buchhändler ● Ruth **Heidrich-Blaha**, Studentin ● Edith **Heller**, Studentin ● Walter **Heller**, Pensionist ● Hernalser Holzwerkstatt ● Harald **Heugl** ● Gabriele **Higlsperger**, Stylistin ● Birgit **Hofbauer**, Studentin ● Harald **Hoja**, Student ● Andreas **Huss**, Angestellter ● Andreas **Hutter**, Kameraassistent ● Michou **Hutter**, Filmcutterin ● Karl **Hödl**, Beamter ● Ferdinand **Höll**, Angestellter ● Mag. Karin **Höll**, Lehrerin ● Mag. Hermine **Jira**, HAK-Lehrerin ● Erich **Joham**, Haarkünstler ● Gerhild **Jurasek**, Studentin ● Prim. Dr. Olaf Arne **Jürgenssen**, Kinderarzt ● Daniela **Kacetl**, Graphiker ● Roberto **Kalmar**, Student ● Dina **Kerciku**, Staatsbürgerin ● Ingrid **Kerl** ● Ingrid **Kitzmüller**, Lehrerin ● Erna **Klimpfinger**, Erzieherin ● Berngard **Knoll**, Buchhändlerin ● Dr. Rita **Koch**, Publizistin ● Robert **Korab**, Umweltwissenschaftler ● Anni **Koschar** ● Ulrike **Kranzelmüller**, Graphiker ● Brigitte **Kern**, M. T. A. ● Alexander **Kriegelstein** ● Andreas **Kriz**, Student ● Dr. Gabriele **Kulka**, Juristin ● Mag. Ilse **Kumpfmüller**, BHS-Lehrerin ● Heinz **Kölbel**, Angestellter ● Andrea **Lackner**, Architekturstudentin ● Wolfgang **Lecorne**, Jurist ● Martin **Lehner**, Krankenpfleger ● Hermann **Leiter**, Angestellter ● Mag. Dr. Elisabeth **Lercher**, AHS-Lehrerin ● Hanna **Lissiak**, Studentin ● Dr. Jutta **Leth**, Medizinerin ● Dr. Reinhardt **Lobe**, Organisationsberater ● Mira **Lobe**, Schriftstellerin ● Loge der Dankbaren für des Präsidenten Beitrag zur Geschichtsverdeutlichung ● Helga **Longin**, Journalistin ● Johanna **Lonsky**, Schauspielerin ● Sona **Macdonald**, Schauspielerin ● Rudolf **Maier** ● Dr. Stefan **Malfer**, Historiker ● Peter **Mannhardt**, Architekt ● Martin **Mareich** ● Benedict **Marginter**, Architekturstudent ● Antonello **Marzano** ● Heidi **Melinc**, Kostümbildnerin ● Wolfgang **Messing**, techn. Angestellter ● Waltraud **Michl**, Sachbearbeiterin ● Peter **Michl-Bernhard**, freischaffender Künstler ● Mag. Heinrich **Mikolasch**, Gewerkschaftssekretär ● Maria **Mittersackschmöller** ● Ruth **Heidrich-Blaha**, Hausfrau ● Helmut **Muigg**, AK-Angestellter ● Rainer **Reichl**, Beamter ● Mag. Heinrich **Nagy**, Lehrer ● Mag. Liselotte **Nausner**, Buchhändlerin ● Johanna **Nemestothy** ● Nikolaus **Nemestothy** ● Michael **Nemetz**, Programmierer ● Katherina **Nowotny**, Studentin ● Reinhold Walter **Oblak**, Student ● Univ.-Prof. Dr. Rudolf **Palme**, Historiker ● Dr. Evelyn **Patzak**, Psychologin ● Peter **Patzak**, Regisseur ● Leopold **Pekert**, ÖBB-Angestellter ● Toni **Peschke**, Kameramann ● Jörg **Pfeifer**, Student ● Siegfried **Pichler**, Angestellter ● Dr. Traude **Pietsch**, Dokumentarin ● Peter **Pilz** ● Dr. Wolfgang **Pirker**, Lehrer ● Mag. Christa **Pirker**, Lehrerin ● Mag. Erich **Plettenbacher**, Lehrer ● Trude **Renee Pleus**, Kriegswitwe ● Ingeborg **Pock** ● Dr. Gernot **Pock** ● Iris **Podgorschek**, Designer ● Lisa **Prantner**, Modedesignerin ● Peter **Praschl**, "stern"-Redakteur ● Dr. Helmuth **Preslmaier**, Betriebswirt ● Inge **Prochaska**, Sekr.-Beamtin ● Mag. Wilhelm **Rader**, Werbeberater ● Wolfgang **Rainer**, Angestellter ● Mag. Franz **Rath**, Soziologe ● Ursula **Rehder**, Musiktherapeutin ● Anton **Reichartseder**, Betriebsratsvorsitzender ● Wolfgang **Reichl**, Beamter ● Mag. Rainer **Reichl**, Beamter ● Dominik **Reverterra**, Student ● Elisabeth **Richter** ● Susanne **Rosner-Valter**, Dipl.-Sozialarbeiterin ● Martin **Rossak**, Student ● Univ.-Prof. Dr. Karlheinz **Rossbacher** ● Heino **Rossi**, Angestellter ● Mag. phar. Jürgen **Rzehak**, Apotheker ● Gerhard **Rössler** ● Dr. P. **Safar**, Arzt ● Sabine **Sandholzer-Hämmerle**, Studentin ● Claudia **Saxer**, Studentin ● Catherine **Saxon-Daurer**, Studentin ● Uli **Schaffer**, Studentin ● Dr. Günther **Schaller**, Facharzt f. Psychiatrie u. Neurologie ● Veronika **Schaufler**, Studentin ● Mag. Andreas **Schedler**, Politologe ● Mag. Elisabeth **Scheiderbauer** ● Mag. Christoph **Schindler** ● Manfred **Schindler**, Dipl.-Sozialarbeiter ● Mag. Günter **Schlager**, Lehrer ● Gerhard **Schmidt**, Arbeiterkammer-Angestellter ● Mag. Maria **Scholz-Fischhuber**, PR-Beraterin ● Marlies **Schrei** ● Mechtild **Schähle**, Lehrerin ● Andrew **Schönfeld**, Student ● Dr. Gertraud **Seelmann**, Ärztin ● Dr. Oskar **Seelmann**, Arzt ● Heidrun **Seereiter**, Kaufm. Angestellte ● Dr. P. **Safar**, Arzt ● Barbara **Serloth**, Studentin ● Walter **Siebert**, Bergführer u. Skilehrer ● Inge **Sieghart**, Sachbearbeiterin ● Wolfgang **Siegmund**, Schriftsteller ● Dorothy **Singer**, Buchhändlerin ● Dagmar **Sobotka**, Beamtin ● Dr. Christian **Spera**, Jurist ● Wolfgang W. **Spitzbart**, Pressereferent d. Hochschülersch. Sbg. ● Mag. pharm. Günter **Stadler**, Apotheker ● Ing. Michael **Stahl**, Konstrukteur ● Gerhard **Staudinger**, Student ● Manfred **Staudinger**, Student ● Walter **Steidl**, Angestellter ● Karl **Strauss**, Holzbautechniker ● Heinzpeter **Studer**, Publizist ● Irmgard **Stütz**, Sekretärin ● Karl-Joseph **Tanzer** ● Sylvia **Tanzer-Zant** ● Dr. Ursula **Thanheiser**, Bioarchäologin ● Karl **Themesl**, Angestellter ● Ing. Norbert **Tiemessen**, Producer ● Roswitha **Tiemessen**, Bürokaufmann ● Peter **Traschkowitsch**, ÖBB-Beamter u. ASKÖ-Sekretär ● Gregor **Traversa**, Maler u. Graphiker ● Bernhard **Tschofen**, Student ● Manfred **Tschugg**, Angestellter ● Dr. Silvia **Ulrich**, Univ.-Ass. Juristin ● Dr. Alieda **Ungar** ● Hans **Ungar** ● Dr. Benno **Wageneder**, Jurist ● Univ.-Ass. Dr. Karl **Wagner** ● Sieglinde **Walner**, arbeitslos ● Gerda **Walz** ● Mag. Frauke **Warner**, Pressereferentin ● Michael **Wehofer** ● Susanne **Weisenberg** ● Virgil **Widrich**, Filmer ● Werner **Wiesner**, Angestellter ● Mag. Wilhelmstätter, Student ● Susanne **Zerobin**, Studentin ● Andrea **Zimmermann**, Schülerin ● Univ.-Ass. Dr. Christian **Zipp** ● Manfred **Edeltraud Xhenemont**, Gastronomin ● Erwin **Xhenemont**, Student ● Susanne **Zerobin**, Studentin ● Andrea **Zimmermann**, Schülerin ● Univ.-Ass. Dr. Christian **Zipp** ● Manfred **Zottl**, Drogist ● Prof. Eberhard **Zwink**, Chefredakteur ●

Dieses Inserat wurde von den Unterzeichneten selbst finanziert.

Ausgerechnet Waldheim schaffte es als erster Österreicher auf den Cover von TIME ... :-(

„Wir nehmen zur Kenntnis, daß nicht Waldheim, sondern nur sein Pferd bei der SA war": Im Präsidentschafts-Wahlkampf bewies Fred Sinowatz unerwarteterweise Humor. Kurt Waldheim, der nur seine Pflicht getan hatte, wurde „jetzt erst recht" den Erwartungen gerecht: 49,6 % im ersten Wahlgang, 53,9 % im zweiten Wahlgang.

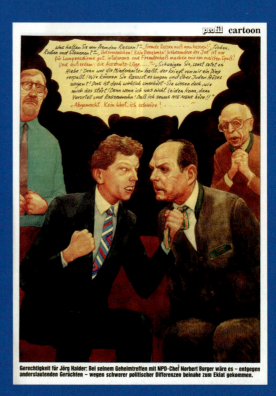

Gerechtigkeit für Jörg Haider: Bei seinem Geheimtreffen mit NPD-Chef Norbert Burger wäre es – entgegen anderslautenden Gerüchten – wegen schwerer politischer Differenzen beinahe zum Eklat gekommen.

Das Bedenkjahr 1988 nutzten „Nestbeschmutzer" wie Thomas Bernhard, um bislang Unausgesprochenes zu thematisieren.

Ich kann mich noch gut an die Fuhre Mist erinnern, die empörte Bernhard-Gegner vor dem Burgtheater abgeladen haben. Keine schlechte Werbung für „Heldenplatz" :-)

Einen Tag nach der Wahl Waldheims zum Bundespräsidenten trat Sinowatz zurück. Drei Monate später löste Nachfolger Vranitzky die kleine Koalition mit der FPÖ auf. Der Grund: Der frenetisch akklamierte neue Parteichef der FPÖ, Jörg Haider. Bei den Neuwahlen am 23. 11. 1986 verlor die SPÖ zehn Mandate, die FPÖ legte von 12 auf 18 zu, und die Grünen zogen mit acht Abgeordneten erstmals in den Nationalrat ein.

Wir bedanken uns bei

Comic Forum Wien
Cult-Film (Niki List)
Herbert Fellner
Felicitas Freise
Silvia Groniewicz
IKEA
Fam. Jakl
Fam. Kolisch
Andreas Kosek
Sascha Krasny
Fam. Preis
Beate Reim
Thomas Schindele
Studio Albert & Schwendtner
Vereinigte Bühnen Wien

Bildnachweis

Der Verlag hat sich bemüht, sämtliche Rechteinhaber auszuforschen. Wir bitten um Verständnis, sollte das nicht in allen Fällen gelungen sein

Albert & Schwentner: S. 13, 30, 31, 32, 33, 35, 46, 47, 48, 49, 54, 55, 72, 73, 76, 100, 103, 107, 112, 113, 135
APA: S. 85, 90, 91, 124, 125, 128, 129, 130, 131, 132, 133, 134, 135, 136, 139, S. 141, 142, 146, 147, 148/149, 150, 151, 157
Beltz Verlag, Weinheim und Basel: S. 11
Kristian Bissuti: S. 93
BMG Ariola Austria: S. 18
Cinetext: S. 84
COOP-Himmelb(l)au/Zugmann Fotografie: S. 122, 123
Daimler Chrysler Konzernarchiv: S. 44
Manfred Deix: S. 155
Diogenes Verlag: S. 49
Eskimo-Iglo GmbH.: S. 14, 104, 105
Filmprogrammverlag: S. 72, 73, 75, 76, 84
Foto Votava: S. 142, 145, 155
Frölich & Kaufmann: S. 114, 115, 116
Grips Theater Berlin: S. 67
Gerhard Heller: Cover/Falco
Ikea: S. 121
Franziska Kluger: S. 140
Dr. Andreas Kosek: 15, 25, 107, 125, 138, 140
Kunstmuseum Düsseldorf, Ausstellungskatalog „Ispirazione Italiana": S. 117
Kurier Archiv/Pressefoto Gerhard Deutsch: S. 80, 81, 88
Lacoste France: Cover
ligne roset: S. 120
Metro Zeitschriften Verlag: S. 72, 73, 75, 78
ORF/First Look/Contrast: S. 6, 82, 83, 84, 86, 87
Österreichische Nationalbank: S. 28
Österreichische Nationalbibliothek: S. 131, 137, 152, 155, 156
Polygram AG: S. 68, 69
Privat: S. 113
Profil: S. 137, 143, 156
Rote Grütze: S. 11
Rowohlt Verlag: S. 49
Margherita Spiluttini: S. 124
Anna Stöcher: S. 113
Swatch AG: S. 110, 111
Carl Ueberreuter Verlag: S. 44
Vereinigte Bühnen Wien: S. 66, 67
Verlag Gerd Hatje: S. 116
Visum plus neunundvierzig: S. 22, 23
Paul Zsolnay Verlag, Wien 1981: S. 148

Wickie, Slime und Paiper auf CD

Am Anfang stand ein geniales Buch. "Wickie, Slime und Paiper – Das Erinnerungsalbum für die Kinder der siebziger Jahre" (Böhlau Verlag) heißt das Werk von Susanne Pauser und Wolfgang Ritschl, das nicht nur eine ganze Generation aufhorchen ließ, sondern auch die österreichischen Sachbuch-Charts wochenlang auf Nummer 1 anführte.

Wickie, Slime und Paiper auf CD (Volume 1–3)

Im Juni 1999 erschien die erste gleichnamige Doppel-CD. Der Chart-Erfolg dieser ersten CD "Wickie, Slime und Paiper - Volume 1" blieb nicht aus: Top 5 der Austria Top 40 Sampler-Charts. Die ungeheuer starke Nachfrage nach einer zweiten CD hat Sony Music dazu veranlaßt, im November 1999 ein Folge-Album "Volume 2" mit weiteren Highlights einer ganzen Generation zu veröffentlichen. Unter der Mithilfe von Radio Wien und Ö3 Mitarbeitern der ersten Stunde, sowie der ZIB3 Redaktion, der ORF-Ernterprise und verschiedener Plattenlabels wurden schließlich im Juni 2000 auf Volume 3 die Wünsche der Wickie, Slime und Paiper Fans ganz konkret berücksichtigt.

Awards, Auszeichnungen & Edelmetall

Im Jänner 2000 erreichte die erste Ausgabe bereits GOLD-STATUS mit über 25.000 verkauften Exemplaren in Österreich. Überreicht wurde der erste SPECIAL GOLD AWARD im Wiener Hofmobiliendepot und im Frühjahr wurde bereits Volume 2 "vergoldet".
Im Mai 2000 wurde das CD-Projekt "Wickie, Slime und Paiper" wird mit dem Amadeus 2000 Award für die beste Compilation Idee des Jahres 1999 ausgezeichnet.

Wickie, Slime und Paiper Clubbings

Seit dem ersten, legendären Clubbing auf der Rieglerhütte am 3. Juli 1999 erschienen seitdem jeweils 6.000 Fans zu den regelmäßigen Clubbings in den Sofiensälen, die unter der Patronanz von Radio Wien stehen. An den Reglern: DJ Tommy Vitera. Legendär und fixer Bestandteil dieser Clubbings ist dabei u.a. auch die Prämierung der besten Kostümierungen unter der bewährten Leitung von Thomas Nemeth.

DIE AKTUELLE CD:
Wickie, Slime und Paiper Volume 3

Wieder ist es gelungen, eine einzigartige Mischung an gewünschten Musiktiteln, Werbeslogans und TV- und Radiokennungen der 70er und 80er Jahre auf die neue Ausgabe zu bannen. Von Josef Kirschners Tritsch-Tratsch Sager "Welches Ladl nehmens denn..." bis zu Hans Rosenthals "Das war wieder Spitze".

Neuerscheinungen auf CD im Frühjahr 2001:
- **Wickie, Slime und Paiper Vol. 4 (in gewohnter Qualität)**
- **Wickie, Slime und Paiper empfiehlt: ALTERNATIVE TRACKS (Raritäten aus der "Musicbox")**

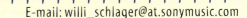

www.wickie.at   www.sonymusic.at   E-mail: willi_schlager@at.sonymusic.com

böhlauWien neu

Susanne Pauser/Wolfgang Ritschl
Wickie, Slime und Paiper
Das Online-Erinnerungsalbum für die Kinder der siebziger Jahre.
Mit einem Kommentar von Thomas Maurer.
1999. 150 S., 17 x 24 cm, 27 sw. u. 41 Farbabb., Geb.

Die Kinder der siebziger Jahre wissen es: Sunkist-Packungen hatten einmal die Form eines Tetraeders, und die Bazooka-Kaugummis dienten einst als Währung. Die Helden von damals waren Barbapapa und Wicke. Während die Erwachsenen orage-braune Blumentapeten aussuchten, fragten sich ihre Kinker, ob der Eiserne Vorhang wohl Falten wirft. Die Teilnehmer eines Online-Forums für gerade dreißig Gewordene servieren uns hier unzählige Erinnerungen an Fernsehfilme, Süßigkeiten, Zeitschriften, Spielzeug, Popsongs, Werbejingles und Moden aus den siebziger und den frühen achtziger Jahren.

Susanne Pauser/Wolfgang Ritschl/Harald Havas
Faserschmeichler, Fönfrisuren und die Ölkrise
Ein Bilderbuch der siebziger Jahre
2000. 160 S., 17 x 24 cm, 110 sw. u. 238 Farbabb., Geb.

Die Siebziger sind Kult – und das vom österreichischen Bestseller „Wickie, Slime und Paiper" ausgelöste Revival geht munter weiter. Die rund Dreißigjährigen stürmen Seventies-Clubbings und Lesungen, und auf vielfachen Wunsch des nostalgisch berührten Publikums entstand sogar eine Ausstellung zum Thema. Mit einem das Erstlingswerk ergänzenden „Bilderbuch" setzen die Autoren den Trend fort. Das Lebensgefühl der siebziger Jahre – diesmal festgehalten in vielen Abbildungen aus der Zeit, quer durch Konsumwelt, Mode, Design, Medien und Zeitgeschehen.

Erhältlich in Ihrer Buchhandlung!

böhlauWien